선은 곱고 무대는 넓고 시선은 길다

선은 곱고 무대는 넓고
시선은 길다

助安 마종옥

상상미디어

시인의 말

자음과 모음을
꿰매다가
유심히 관찰해보니
낱말이 오뚝하고
쓰디쓴 단어 길이에
미끄러지는 언덕이 생기기도 했어요.

목차

시인의 말 · 5

제1부 자유롭게 흔들리는 순간

법조로 오후와 카페여인들 · 15
밤을 걷는 여자 · 20
가식을 진실로 그리는 그림 · 22
여름아 · 23
일상도감 · 24
봄의 기상도 · 26
자유에도 후유증의 꼬리가 붙었어요 · 28
숫자 냄새 · 30
봄 길에 발품을 팔면 · 32
광교푸른숲도서관 · 34
사랑의 수 · 36
옹알이 · 37
도시 골목에 밑줄을 그어 봤어요 · 38
앙탈 부린 길 이야기 · 40
선은 곱고 무대는 넓고 시선은 길다 · 42

제2부 순위기 없는 날카로운 빗줄기

감정에 마음을 판다 · 47
동그라미 신호 · 48
들깨이파리와 흙의 관심사 · 50
금요일 · 51
마을신문 굵은 글씨 · 52
바람의 색을 봤어요 · 54
경로당 놀이패 · 56
사랑한다는 거 · 57
태풍 주의보는 사랑도 쓸고 가 · 58
무뚝뚝한 태도 · 59
순국선열의 님이여 · 60
양약 · 61
맘대로 방향 · 62
몸과 마음 사이 · 63
머리만 우는 날이 있다 · 64

제3부 나를 사랑하는 연습

그대, 너, 나야 나 · 69

단색의 힘 · 70

손의 잡음 · 72

며느리와 나, 시어머니 · 73

짧은 정과 긴 정의 거리 · 74

셋째 언니 · 76

한 시간 스승 · 78

냄비 속은 끓고 카레는 노랗다 · 80

어머니 직업 · 82

늙은 소리 · 83

완장을 찼어요 · 84

닮아서 경고를 받는다 · 86

그네의 품격 · 87

가슴 역 · 88

공들여 봤어요 · 89

제4부 지나간 기록에 얽매지 않은

앞자리 · 93

잘린 한 컷 · 94

말의 두께 · 96

사랑의 맛 · 97

꽃의 부름을 읽은 오늘 · 98

헛꿈과 진 꿈 · 100

제주 소라야 · 102

울림 · 103

네 가지 봄 · 104

고독과 외로움 사이 · 106

도비도 전상서 · 108

빨리 사그라지는 근성은 연해요 · 109

600년의 지금, 기억 · 110

밥과 끼니 · 112

걸음걸음 · 114

제5부 몰래몰래 붉게 피는 꽃

이목구비 꽃 · 117
내리사랑은 멈춤이 없다 · 118
만들어지는 길 · 120
당신을 알았어요 · 121
실버 악동들 · 122
눈물과 어울리는 날 · 124
어느 억지 소음 · 125
익어가는 길 · 126
가을 음표 · 128
흐려서 맑은 날 · 129
빈자리 · 130
바람을 인쇄하다 · 131
36도 5부 · 132
합방의 고통 · 134

시 해설 · 137

제1부

자유롭게 흔들리는 순간

법조로 오후와 카페여인들
밤을 걷는 여자
가식을 진실로 그리는 그림
여름아
일상도감
봄의 기상도
자유에도 후유증의 꼬리가 붙었어요
숫자 냄새
봄 길에 발품을 팔면
광교푸른숲도서관
사랑의 수
옹알이
도시 골목에 밑줄을 그어 봤어요
앙탈 부린 길 이야기
선은 곱고 무대는 넓고 시선은 길다

법조로 오후와 카페여인들

일 분 인사
일 분 미소
일 분 착석

착석 하나
풍부한 상상력을 발휘하는 모 회사 사장의 서울 여자
하나님과 시집간 딸과 잘생긴 아들, 잘나가는 남편 틈새에
살림으로 내조를 한다는 애교가 많은 여인은 기독교인

경험을 통해 얻은 인연은 공해가 없다
의자가 편안해서 엉덩이가 무거워서
절대적인 신뢰가 바닥에 깔려 무공해 공기가 휴식이다

착석 둘
공인중개사 자격증을 손에 쥔 여자
코로나19 피하기 작전 성공으로 이끈 여가 활용은 장기적 변화라며
꽃차를 마시며 옆자리 인연을 챙기며 변호 법을 내조하는 새댁은 제주 여인

어울림의 자리
부드러운 말솜씨 잔인할 정도로 안 맞아 어울리는 것은

배려와 일상이 안정적이라서 심술과 허세까지 매끄러운 것이다

착석 셋
생 반년을 일곱 나라에 한국어를 전파한 외교관 부인
앤틱 그릇을 만지고 닦고 쓰다듬는 게 취미라, 행복이라, 남달라서
호기심이 유발되는 급발진 충청도 여자

여인들 모습은 비슷함이 없다
일상에 지친 에너지를 충족시키는 잠깐
불편의 소리가 씻기고 깔깔, 호호 특별한 웃음이 맛깔스럽게 전달된다

착석 넷
약을 다루는 남자를 내조하는 서산 여자
책과 살림이 좋아,
아이스아메리카노로 오후를 사고 휴식을 만지는 여인은
전시 작품처럼 의자에 파묻혀 강한 시선을 던지는 용내래미 시인이다

안락한 의자를 만드는 건
앉은 사람이 안락하다 느낄 때 만들어지는 것이다
생각과 느낌은 평행선처럼 만들어지니까

착석 다섯
부산 사투리를 애교로 둔갑시키는 기술
광교 호수마을 법조로가 좋아 땡강 이사했다는 거침없는 고백에 흔들림이 없다
공무 사무관 부인의 자세를 완벽하게 갖춘 부산 아주매

물은 고이는 곳에 모이는 법을 증명한다
고운 마음씨를 한곳에 몰아놓으니 화사한 꽃 만발이다
스스로가 관객이고 주인공이며 손님이자 주인이다

착석 여섯
시집간 딸네 방문하며 돌봄 자청한 여자
교수 남편 내조가 우선이라는 여인은 친정어머니의 핸드메이드 옷과 가방을 메고
으름장을 놓는 대구 사투리 미모는 장모다

어제의 실수를 버리고 오늘의 주제를 산다
연속되는 배움의 길잡이로 클래식 키타를 끼고
펜을 휘두르고 입을 즐기는 연속이고 연타다

착석 일곱

딸만 둘인 사람 나오란다
기쁨을 어깨에 매달고 늘씬한 기럭지의 여인은 자동차를 만지는 남자의 여자다
밭과 논을 가진 그의 양손은 늘 나눔을 실천한다

각자의 표정은 도드라지게 다르지만
서로의 행복을 붙들고 아픔을 털어 버리며
단단한 정을 얽어매며 보듬는다

착석 여덟
장가간 아들 둘의 그리움에 젖어 사는 여자는
전국 도로를 연구하는 남자의 해남 여자다
걷는 모습이 이쁜 여인은 건강이 최고라며 강한 일침을 준다

법조로 여인들은 오후를 만지고 광교호수마을을 소중히 여긴다
책을 사랑하는 소중한 인연을 게을리하지 않은 여인들
어느 명약과 비교를 할까나
보약이다

카페의 주인장 여자는 시어머니
커피를 내리고 런치를 만드는 훌륭한 음악가다

카페 온도는 올라가고
매출전표 상승곡선일 때 입꼬리가 오르고 내리고
카페의 여인들은 덩달아 의기양양하다

밤을 걷는 여자

그들은
60대 여자

숨길 것도 없고
빼앗을 일도 없는 다섯은
매일 저녁 엷은 달빛 아래에서 초가을 냄새를 산답니다

무슨 말이든 허심탄회하게 털어놓으니까
가로등도 갸우뚱 기우뚱 걸음을 녹인답니다

달빛 아래 그대들은 해경, 종옥, 춘해, 혜원, 미희
잊지 말도록
잊지 않도록
이 밤을 지나지 않도록 천천히 바르게
스스로를 깨우는 시간을 만들고 최상의 운동이라며 히히 호호하지요

무슨 샘이라도 부리고 있는 건지요
운동화 사이마다 알 수 없는 그림을 뿌리는 달님도
많이 설레었나 봅니다

광교 호수공원 달이 말하는 길에

내일,
14년 후에나 다시 볼 수 있다는 보름달(슈퍼 블루문)이 뜬다네요
작은 걸음을 딛는 걸음걸이는 자근자근 하모니를 이룹니다

밤 그림자가 낯설지 않을 때
더 심해지는 것은
흥분된 자유가 되는 겁니다
나를 위한 나를 위해 나를 만들어지는 것과
서로의 마음이 하나가 될 때까지 가쁜 숨을 쉽니다

밤의 그림자를 포개어 나눈 정을 남기고 싶은 걸까요
아니면 몸을 다스리는 걸까요
내일 밤에도 걸어볼 참입니다
슈퍼 블루문을 머리에 이고

가식을 진실로 그리는 그림

가식이 진실이래요

아보카도 햄버거를 한 입 크게 베문 후 사이다를 마시면 가슴에 단단한 그림이 그려져요
거짓이나 사치에 비유 같은 걸 얹어 보는데 몸에 불필요한 게 사라지는 그것뿐
톡 쏘는 맛에 따라 강도만 깊게 파이지요

한 여자가 그래요
가식이 진실이라는
만날 때마다 오감이 다른 그녀를 이해하는데 긴 시간이 걸렸는데
물컹한 것을 만들면서 매콤함을 던져야 했어요
태어나서부터 다른 그림자를 흘리지는 않았겠지요

언제부터였을까요
검은 그림자를 하얗게 만드는 작업은 내뱉은 말 족족 역행하는 것으로 마무리하는 준비는 늘 필요했어요
오보의 일기예보처럼 한 여자는 서 있는 모습에서 앉아 있는 그림자를 남기곤 했지요. 마치 가식이 진실인 것처럼

여름아

땡볕이 대수더냐

롤러스케이트 소녀
자전거 청년
암벽등반 젊음, 모두 최상이라며 더위를 맘껏 풍겨

공원 벤치는 빛으로 에워싸고
나뭇가지 사이사이마다 걸터앉은 햇살 조용해서 겁이 나

발과 더위를 타협해야겠어
생각이 강하면 견딜 수 있을까 눈을 가리니 더위가 안 보여

그늘은 말해

일 년에 한철 만나는 더위쯤이야
가을을 만날 수 있다는 경고의 몸짓이며 기다림이라
볕은 멀고 먼 숲의 안쪽까지 찾아와 덤불 속까지 점령해 버렸지만

여름아
여름아
나는 너를 사고 싶다

일상 도감(圖鑑)

이십 사 시간
절반의 에너지를 평화롭게 이용합니다

동쪽 바람 동쪽의 것이요
서쪽 바람 서쪽의 것이요

싸락눈의 하루는 비상구가 없습니다

앙상한 나뭇가지 흔들림은 숲속의 잡음처럼 어색함이요
조용한 감격입니다

손님처럼,
맑은 햇살 잠깐은 반가운 오후를 여는 기운을 줍니다

사람이나
나뭇가지나
햇살이나
공기나
싸락눈이나
바람의 작은 변화는 평범 속 자유를 흠모하는 것입니다

자유롭게 흔들리는 순간
드러난 시간의 길이가 길었습니다

봄의 기상도

바람 부는 날

봉우리마다 통통 배가 불렀습니다
길쭉한 하얀 표정에 초록의 목걸이를 두르고
너는 봄
나는 바람
야단났습니다

지난겨울 혹독한 추위를 보낸 자국도 없이 맑은 날입니다

진실을 배반하지 않았습니다

산비탈을 감싼 진달래의 연분홍 웃음은 진행 중이고
호수 언저리 앉은 개나리가 노랗게 웃고 있습니다

아지랑이가 말합니다
호숫가 수양버들 부드러운 인사가 간지러워 춤을 춘답니다

이파리보다 성질이 급한 꽃이 먼저 나온
목련
흰 목련도 좋아라

햇살도 좋아라, 자목련 위에 걸터앉아 위태롭습니다

일찌감치 단단한 대를 올린 진달래
꼿꼿한 분홍웃음도 좋아라 들떠 있습니다

구부린 등줄기에 가지런히 핀 개나리도 좋아라
좋아
좋아
좋지
마구 흔들어 댄 아지랑이의 봄입니다

이상은
봄의 기상대에서 말씀드렸습니다

자유에도 후유증의 꼬리가 붙었어요

열중쉬어
차렷

반듯한 자세에 눈이 쏠리는 이유를 묻는다면
그건 구속이라 말할 수 있을까요

여행에 많은 정성을 들였어요
트렁크 속에
긍정의 감정과 양발로 지도를 그리리라 하는 다짐을 함께 챙겼지요

상상을 했어요

초록의 길이랑
모래 위를 걸어야지 제멋대로 뛰어 봐야지
비탈길을 힘차게 걸을 거야
오름에 올라서 야호 하며 목소리 높여야지
차렷 자세의 정신을 바다에 던질 거야
열중쉬어 뒷짐을 바람에 날릴 거야
흐느적흐느적이라도 좋아 부드러운 서정의 몸을 만들 거야

제식훈련처럼 하루를 마치고 잠시 휴식의 자세를 힘들게 한 건

어리석음의 계획이 고독을 만들어 줬어요
예측하지 못함이지요
다짐하고 맹세했으니까 참 예쁜 모습이라 생각만 했어요

큰 기대와 부푼 가슴을 믿고
철저한 계획은 배신하지 않으리라는 생각
떠나던 공항에서부터였으니까 비행기 연착, 센 바람과 거친 비바람
슬거운 마음 풀어 놓고 다독거렸어요

일주일에 남은 건 피로가 일등이었고
말이 없어진 것은 욕심이 과로를 남겼으니까
내내 고심 중이었어요

숫자 냄새

숫자의 무게를 달아본 이가 있을까요

높은 인격
품격의 나래를 펼칠
신사임당의 부동자세는 어둠에 누워 가쁜 숨을 몰아쉬고 있습니다

숫자 길이에 따라 마음에 쌓이는 것은
부자든 가난이든 진짜 가치를 읽는 변화입니다

첫인상
높고 낮은
수치에 따라 불안을 만들 수 있는 사실도 동감합니다

지갑 속 종잇장 위에 기어 다니는 숫자일 뿐
세속적인 숫자가 아닌 어둠의 벽을 허물겠다는 것
허탈과 희망이 교차하는 표정을 털어내기조차 꿉꿉한 액수입니다

무음의 빛깔
평화로운 늙은 여우 같은 것이
침묵을 깨는 콜콜한 냄새는 노년의 일상을 건들기도 합니다

터질듯한 장지갑의 위력
구겨져도 인정받고 찢어져도 보상받은 거대한
힘
하나의 조건입니다
서로 다른 방향일 뿐 살기 위한 수단 아니던가요

마음을 스케치합니다

봄 길에 발품을 팔면

하얀 꽃무지에 시선을 빼앗기는 증상
잠깐
눕혔다
세웠다
관찰하니까
별이 떠

광교호수공원 오솔길 걷다 쉬며
꽃잎 위에 나비 춤추는 길목에 서서 입을 벌린 가쁜 숨소리
짙은 향으로 전신을 타고 흐르는데
향이 짙어

초록을 밴 풀 소복소복해
어깨를 나란히 한 봄바람이 시샘을 하나 봐
자꾸 나를 건드려
눈길 가는 것까지 빼앗아 가는 파란 하늘도 아쉬운 게 있나 봐
궁시렁궁시렁거리고 있어

훅훅 달궈지는 감정에 꿀을 바른 듯 달달하기도 하고
소태 같은 맛이 볼록 솟기도 해
산책길에서 나를 만나는 게 쉬운 일이 아니거든

매끄럽게 만들어지는 것은 다 내 것이었어
봄도
꽃도
바람도
나를 부르니까 얼른 대답해 줘야지
새 생명이 돋은 자리에 새들이 앉아 봄 노래 부르고 있어
올려보는 게 화답이야

나뭇가지마다 봄이 붙었어
밤 동안 내렸던 비의 가르침이 있었나 봐

봄이니까

광교푸른숲도서관

정갈합니다
고급스럽습니다
자연스럽습니다

그야말로 조용이라는 게 다투는 곳입니다

어느 책갈피 속에는 새가 울고, 웃고
계곡 물소리처럼 청청하여 자연의 힘 솟기도 합니다

다양한 예술성이 빽빽하게 진열돼
눈길 사로잡는 오솔길 같은 조용한 긴 골목에
청춘 남녀 사랑사랑 열애 가지런하게 앉았습니다

크고 작은 사연 끌어안은
사람 사는 냄새 풍기는 페이지마다 낯설지 않습니다

진열된 수많은 책 속에 꿈틀꿈틀한 이야기 거슬림 없는
다정한 친구 같은 향내가 있어서 잔잔한 호흡을 합니다

저마다의 글에서 지저귀는 게 많아 시끌벅적할 법도 하지만
허술한 곳이 없으니 새어 나오는 공기까지 공손합니다

책장 넘기는 소리가 들리는 곳
광교호수공원 언덕 위에
우뚝
세련된 모습 광교푸른숲도서관입니다

겸손한 분위기 자리마다 만석
어린이 숨소리까지 가지런하여
앉은 자리 하루 넘기는데 잠깐이랍니다

높은 계단이 지나치게 바른 태도라서 걸음 조용조용
책과 벗 되기 아주 쉽습니다.
매일매일 공부하는 씀씀이가 고와지는 곳이지요

사랑의 수繡

작은 말
큰말

생각은 실타래처럼 이어지고
기억은 쉼 없이 선을 긋는 손끝

한 땀 한 땀
손에 꼭 쥔 바늘
팽팽한 천 위를 걷는 좁다란 길에 애절한 심정을 이으며
가슴 속 깊은 꿈의 조각이 스멀스멀 구부러져 나온다

자비
한 토막이 볼록 솟는 것이다

옹알이

제주 함덕 해수욕장
서우봉

중얼중얼 읊조리며 정자와 유유자적 중

한동안 찬 서리 견디며 눈보라와 싸웠을 파도 넘실넘실 하얀 거품 일고
속말하는 봄
훈훈한 결 따라 날아온 유채꽃 바람이 얼굴에 앉는다

와! 좋다
와! 좋아
와! 개운하다
와! 시원하다

하늘은 땅에 말하고 땅은 하늘에 말한다

파도는 바윗돌에 말하고
바닷물 소리는 내 귀를 적신다

봄은
제 것 인양 의기양양意氣揚揚하다

도시 골목에 밑줄을 그어 봤어요

근사해요

쭉쭉 빵빵 연인들이 거리를 걸어요
청담동 빌라 길목에 고급 차 냄새가 났어요

서 있을 때도
앉아 있을 때도
골목에 대한 값어치를 물어봤어요

통통하고 살이 오른 골목은 웃고 폭은 넓었어요
외로운 애환은 가늘고 길게 구부러져
골목을 골목으로만 볼 수가 없는 일이에요

육십 중반이지요

심장과 발에 걸음을 타협하는 나이를 빗대니까
가을에서 겨울로 넘어가는 지점에 줄이 그어졌어요
무거운 걸음을 누가 알까요

말이지요

항아리 속 콩나물과 같아서 속닥거렸어요
밤의 풍경은 빠른 성격으로 변하고
골목마다 젊음들은 서로의 기운을 보태고 있었어요
함께할수록 무거워지는 힘, 젊음들아!

그래요

몸통과 머리가 말쑥할수록 높은 인기라는 커플
가는 것에 긴 것에
힘이 흩어지면 중심이 흔들리는 것에 긁었더니 부가 보였어요

어둡잖아요

청담동 불빛을 밟은 걸음 벤치에 눕히니 담력은 부풀어 올랐어요
아파트 그림을 그려 봤지요
턱도 없는 그림이 나와요
무섭게 무거워지는 고개를 저으며 정리를 했어요

앙탈 부린 길 이야기

파급력이 있어요

발 한번 옮길 때마다 회전하는 영상으로 돌아가고 있어요
더 강한 영상을 만들고 싶어 그럴싸한 돌을 주었어요

볼품없는 돌

돌의 가치는 없어요
힘 있는 포즈로 숲속 높은 곳에 던졌더니
새순 내놓는데 성가시다 손사래를 쳤어요
가치 없는 행동에 파르르 떨었을 새싹에 죄를 범한 잠깐을 밀고
다시 한번 호수에 던져 봤어요
매끈한 포장도로 같은 물 위에 비구상 추상화 그림이
포물선을 그리며 올라왔어요
물속에 물감이 준비돼 있었나 봐요
작년에 올라온 수련의 색깔이 유독 아름다웠거든요
반짝반짝 덧칠한 듯 그려진 원은 마음을 마구 흔들어 놨어요

이파리와
호숫가의 대답은 달랐지만 짜릿한 반응과 불규칙의 흥은 가득 찼어요

가을을 훑어보던 나무 아래 그늘
이유 없이 머문다는 건 이유를 만드는 작업처럼
오솔길로 이끌었어요

호강의 시간을 누린 길에
참 괜찮은 여유가 버무려져
젊음이 깨어나는 듯 몸에 윤기를 만드는 일이었어요

선은 곱고 무대는 넓고 시선은 길다

하늘마을은 잔칫날인가 봅니다

엄마 토끼
아가 토끼 얼싸안고 쉬엄쉬엄 느린 걸음입니다

나풀나풀 날리는 흰머리를 묶었다 풀었다 멋에 취한 여인
회색빛 드레스를 입은 듯 아름다운 가을을 만들고 있습니다

바람의 사이즈를 알았습니다

아주 솔직합니다

여유롭게 펼쳐진 나뭇가지와 나이 그림자
자유롭게 휜 능수버들과 광교 호수 전부를 샀습니다

바람의 길이에 따라
뚜벅뚜벅 걷는 소리가 심장 박동 같아서
숨을 길고 느리게 삼키고 뱉은 호숫가 숲

하늘의 잔치 소리에 얼굴을 붉힌
단풍, 흙, 바람, 구부러진 길을 벗 삼은 발끝은 싱글싱글 웃고 있습니다

최상의 날
그늘을 쥔 날
그
속은 천국이요
특별하게 넓은 가을의 풍경입니다

햇살 짧은 하늘이지만
부풀어진 가슴에 두 손 공손히 합장합니다
귀뚜라미 막바지 울음소리
웃음소리는 가을에 피는 꽃이었습니다

눈은 시리고
걸음은 느리고
마음은 고요했습니다

제2부

순위가 없는 날카로운 빗줄기

감정에 마음을 판다

동그라미 신호

들깨이파리와 흙의 관심사

금요일

마을신문 굵은 글씨

바람의 색을 봤어요

경로당 놀이패

사랑한다는 거

태풍 주의보는 사랑도 쓸고 가

무뚝뚝한 태도

순국선열의 님이여

양약

맘대로 방향

몸과 마음 사이

머리만 우는 날이 있다

감정에 마음을 판다

드립니다
드립니다
마음을 드립니다

바람처럼
물처럼
돌처럼
나무처럼
탄탄한 기운을 드립니다

살다
살다
살다가
꼿꼿한 성격 무너트리는 날
모두 다 드릴 겁니다

동그라미 신호

o
날이 밝아오면
밖을 먼저 보는 습성은 당연하지요
하루를 빚은 시작이고 동그라미 전부를 여는 것이랍니다

o
구김살 없는 마음 가득한 하늘
터진 곳 없으니 하루는 구김이 없답니다

o
어젯밤
구름이 베어먹고 있던 반쪽짜리 달, 달을 올려봅니다

o
저녁 하늘
봄꽃이 피어나는 듯 맑음이며 정적이고
생각의 불면은 낮달을 꽁꽁 묶어 놨습니다

o
불면과
달과

해는
머리 위를 떠나지 않고 샴 쌍둥이처럼 엮여있습니다

ㅇ

일상에 둥그렇게 달려 있지만
모서리가 없으니 부딪칠 일 없겠습니다

ㅇ

한낮으로 밀어 올리면 불통은 가식이고
소통은 진실로 엮이는 각도는
나뭇가지 흔들림이 미끄러지는 수백 번의 인사를 받습니다

ㅇ

인자한 어머니의 모습입니다
빈 구석이 없습니다

들깨이파리와 흙의 관심사

너른 넓이 우두리 언덕배기
가치는 상승곡선에 노른자 땅은 푹신푹신합니다

높은 가치에 묶여 들깨에 내준 들풀은 무릎까지 닿고
금례, 경희, 종옥, 선자, 재숙, 명신은
농업인이 된 걸 은근히 벅차 했습니다

농사의 일은 본능적으로 몰두하게 하는 힘을 만들어 줍니다

네 박스의 들깨 모종
호미 끝의 들깨 향은
피부를 침투하듯 온 몸을 자극하고
거미줄처럼 엉킨 틈새 흙의 품에서 감정은 이미 풍년!
들깨 향이 스밀 상상은
고단에 묶인 몸 푸는데 최상의 위로입니다

들깨는 통꽃으로 피고 이파리에 혈이 돌면
우두리 비탈은 금싸라기 흙내음이 퍼질 겁니다

금요일

뜨거운 햇살 34도 날

장마 바람과 폭우의 날 후 열대야
엿새를 투자하고 하루를 건진 한 주의 끝자락이지만 선약은 없어

딱히 갈 곳이 없어도 흥분까지 얹진
내일을 위해 만들어진 깃털같이 부드러운 날
반납하기는 엄청난 후회가 따를 수 있는 다짐 아래
늦잠을 용서하고
저녁 술도 용서받는 날이지
한없이 풀어지는 마음 자유롭게 번지는 날이니까
회전하는 입꼬리를 억제할 수 없어
휴일 앞에 세글자
큰 선물을 받은 것처럼 무조건 신이 나

장마도 주말여행을 떠났나 봐

마을신문 굵은 글씨

거친 사람들의 이야깃거리가 분분한 마을

세간世間에 후려치는 어느 집의 일침은
자식들이 사업자금을 당겨 간다는 입방아가 심합니다

노인요양시설에 새살림을 차렸다는 노부부
작은 소원 하나
이룰 수 없는 늙은 눈치는 가늠이 불가하다는 치매
모르는 게 약일 수도 있다며 슬퍼합니다

기와집
자꾸 쌓이는 돈 때문에 편할 날이 없다는 소문
많은 땅덩어리와 돈을 거머쥔
구두쇠로 소문 자자한 부잣집 어른은 매일 밤 불면에 시달리고 있습니다

서로 의지하는 노인정 어르신들
이웃이 줄어가는 소식에 귀를 빳빳하게 세웁니다
많아지는 빈집 염려나 몇 명이나 갔을까 세어 보는 일상에 시름이 큽니다

많은

이야깃거리는 멍멍한 가슴을 만듭니다

기부라는 걸 한 기와집 노인
깊은 잠을 잔다는
무지개 후문에 커다란 그림이 그려졌답니다

바람의 색을 봤어요

낮고 작은
낡은 종이박스 위에
채소 몇 가지의 소쿠리 안는 모듬모듬이에요

아파트 뒷골목 사잇길 모퉁이에 웅크리고 앉은
채소 할머니
거북이 등살 같은 손등이 불쑥 솟아 눈길 사로잡았지요

소문의 속삭임이 생겼어요
나비가 돼 날아다닌 무거운 말이 된 채소 할머니
수백 평의 땅값은 고공행진 중이라는
말
말

할머니의 하루
채소 소쿠리와
구부러진 몸과
고공행진 땅값을 견주면 가을빛이었습니다
거기에
찬바람까지 얹는다면 결괏값은 어떻게 나올까요

소쿠리 일상은 먹고 살기 위함이 아닌 삶의 의지였습니다
노력의 힘을 누가 이기겠습니까

뒷골목의 소통 온도가 내려가면
수치로 매길 수 없는 사연 거칠게 날리는 바람
어두운 빛깔이었습니다

어디서 어디로 사라졌는지 모를 무소식
할머니 소식이 끊겼습니다

경로당 놀이패

둥글게 앉은
80노을 다섯

더하기 빼기가 느린 걸음이더니
잠깐잠깐 서로 다른 계산법에 옥신각신 야단법석입니다

십 원짜리 화투가 거북이걸음이지만
엇나가는 순서에도 잘 돌아갑니다

까르르 깔깔
히히히 흐흐

웃음이 햇살처럼 따사롭다가도
가시의 언어가 날아오고 건너가는
반 치매의 언성에도 수북수북 쌓이는 정은 두텁기만 합니다

앉은 자리
그 자리에서 하루를 지키는 십 원짜리 화투판은
이유와 절제가 없는 모습이지만
묵은김치 맛처럼 깊은 정과
신 김치의 새콤한 맛이 어우러져 풍깁니다

사랑한다는 거

외로움
아픔
고독
슬픔
다
앞지르는 것이다

태풍 주의보는 사랑도 쓸고 가

도시의 균형이 무너질 듯
몇백 밀리미터나 퍼붓는 비
하늘은 암흑입니다

물 위에
둥둥
떠내려가는 경제
울분의 두려움은 어디에서 볼 수 없었던 흠집입니다

배를 띄워도 무방할 듯 지하차도는 식이와 순이의 사랑도 휩쓸려 떠내려갑니다
몇 번의 좌절에도 끄떡없던 십 년의 만남을 깔끔하게 쓸어 버렸습니다

순위가 없는 날카로운 빗줄기
한번 사랑
사랑이 휘청거리면 흘러가는 이별도 쓸립니다

무뚝뚝한 태도

무게의 중심이 불량해 졌어요
전신을 쓸며 통과하는 빛의 속도에 굳은 표정을 읽어요

투정을 부리는 작동은
자유
자유를 누리는 뚝뚝한 모습 둔해지고 있어요
나이 탓일까요

태도가 불량하다고 마음까지 마르지 않을 겁니다
가시덤불의 몸이나
응어리를 달래 주는 것
큰 보상이라도 받은 듯
그
후끈한 온기가 넓어지고 있었어요

조용히 머무는 조건에 밀린 투정
반질反質한 태도에 꾀의 허튼소리를 들었어요

안마의자도
갱년기가 있었다는 사실을 알았지요

순국선열殉國先烈의 님이여

묘비
이마 위 먼지는 고요한 슬픔이요

다하지 못한 생
넋은
부동의 이름 석 자

세월이 흐를수록 빛나는 이름으로
고이
잠드소서!

양약

모듬이에요

오장 다섯 개
육부 여섯 개에 힘 더해라
봄기운 불어 넣듯 크고 작은 알맹이 보약처럼 삼켜요

쾌유와 함께 넘겨야 하는
쓴 게 몸에 달다지요
전신에 싹이 돋는 옥토를 넣는 것이지요

인생도 그렇지요
머리를 찌르는 아픔을 인정할 때
스트레스는 해소되고
마음의 통증을 먼저 다스려야 하거든요

치유며
완쾌며
다
네 능력으로 알겠어요

맘대로 방향

일기는
하루도 같은 날이 없습니다

가슴도 같은 날이 없어서 한 시간도 하루처럼 애틋합니다
구석을 밝게 사각을 둥글게 만들어 보는 버릇을 버리지 못합니다

비도 벗
눈도 벗
햇살도 벗
구름도
그늘도 벗이라서 소홀할 수 없습니다

호숫가 물속의 붕어까지 내 편
오리 떼 친근한 시선을 벗어날 수 없습니다

하늘은 올려만 봐도 든든합니다

자유로운 방향까지 내 벗으로 전신을 쓰다듬어 줍니다

강력한 세제 거품보다 더 부픈
심장에 불을 지핀 듯 뜨겁게

몸과 마음 사이

따사로운 빛 우려지는
어느 날
탁자 위에 놓인 건 찻잔 한 개
공기 속에 반을 채운 베리 향, 향기롭습니다

멀리서 달려온
말과 말 사이에 둥둥둥 떠 있는 사연
결론이 없는 서론만 가득하고 뒤숭숭했습니다

봄 인연이 태어난 듯
오고 가는 말 틈에 낀 건 사건이라는 사건은
몸과의 사투가 시작된 것입니다

열기는 가슴에서 올라온 싸움
단연코 회복이고
고통과 아픔 따위는 사치라 말합니다

암흑의 긴 터널을 통과하는 동안
언제 끝날지 모를
몸과 마음을 타협하는 건 현재 진행 중입니다

머리만 우는 날이 있다

불면을 누가 정당하다 할까요?

피로에 경계가 생겨서
억지의 행복을 읊으면서 답을 내놓고 요구를 받지요
마치 가상의 드라마처럼

당신의 이름은 불치라 하던가요
삐거덕거리는 다툼도 좋아하고 후미진 곳에 안착하는 습성도 있답니다

어떻게 다스려야 화합이 되려나
고민과 다투는 게 일상이랍니다

흐린 날이 많아져서 갑자기 비가 내리고 습하면
송곳처럼 뾰족해진 감정에 막혀 애를 먹습니다

앞서거니 뒤서거니
원한이나 증오의 대상을 만들면 절대로 안 된다는 몇 해
악조건이라서 울어 줄 사람이 없다는 게 단점이며 장점입니다

다독거려야 하는 이런 악연은
언제부터 시작됐는지 모를 일입니다

위험한 적대감을 버리는 것도
나쁜 느낌이나 축축한 심정 떠나질 않습니다

참 힘든 작업입니다

제3부

나를 사랑하는 연습

그대, 너, 나야 나
단색의 힘
손의 잡음
며느리와 나, 시어머니
짧은 정과 긴 정의 거리
셋째 언니
한 시간 스승
냄비 속은 끓고 카레는 노랗다
어머니 직업
늙은 소리
완장을 찼어요
닮아서 경고를 받는다
그네의 품격
가슴 역
공들여 봤어요

그대, 너, 나야 나

너
말이야

식물 키우는 것을 좋아하며 이파리가 돋아나면 흥분하고 그러지
꽃을 사랑하고 꽃에 빠지기 일쑤지만 식탁에 꽂는 꽃은 드물어서
그림을 그리고 낙서를 하며 마음을 달래곤 해

나
말이야

제주의 바람을 즐기는 것처럼 보이지만 나를 사랑하는 연습을 하는 거지
몸 곳곳이 고장 날 듯 시릴 때가 많은 것을 누구도 모를 일이라서 낭설을 불리는 일은 못 해
마음까지 아플까 봐 잠시라도 초록을 안고 있는 거야

나야,
나

지식이 허할 때
건강이 저질일 때
내 것을 만들기 위해 한 발자국 더 넓게 뛰어 보는데 이유가 있을까

단색單色의 힘

저렇게 길게
쭉 뻗은 기럭지를 가진 적은 있었던가
햇살이 길게 늘어질 때 비친 우아한 모습에 홀딱 반해버립니다

그림자에 마음까지 나서는 비밀이 열립니다

빛의 존재에 의미가 생기는 내용은 무궁하지요

등잔불 앞 창호지 문틀에
손가락을 꼬고 접고
손바닥을 펴고 비틀고 구부려서
동물 모양이나 숫자를 만들었던 어린 시절
그 안에
동물이 살아 있는 듯 휘둥그레졌던 눈
신기함에 빠져
꿈을 키우던 기억의 가치는 높았지요

특별한 재주의 조카 기세가 밤을 뜨겁게 만들었던
한 조각 추억이 있습니다

어스름 저녁

법조로 가로등 불빛 아래 가슴 벅찬 산책을 합니다

있을 수 없는 매끈한 그림자
긴 기럭지는 단풍나무와 어우러져
발끝에 가해지는 힘 자신감이 돼 부풀어 오릅니다

공손한 걸음은 어둠에 피는 꽃이었습니다

손의 잡음

막다른 길에 빠지는

주름 잡힌 손등을 넓혔더니 혹사라고 대답합니다

양질의 일상을 무시한 후
눕힐 수 없었던 증거물이기도 하지요

소중한 휴식

건너뛰기를 못한 여정을 실수라고 말할 수 있습니다

한 발 한 발 다진 것이
심하게 구부러져 나온 것이지요

원하는 만큼
무조건 이루어지는 게 아니거늘
종일 종종걸음은 손을 괴롭히는 원인으로 남은 흔적입니다

건강을 얻기 위한
휴식
높이 사렵니다

며느리와 나, 시어머니

너와
나 사이에

찻잔을 놓을까
과일 접시를 놓을까
와인 잔을 부딪칠까

나는
나는
이쁜 공을 올려놓고 싶다

돌려도
돌려도

굴려도
굴려도

넘어질 일이 없을 테니까

짧은 정과 긴 정의 거리

외목대 식물에 지지대를 꽂았어요
덩굴식물에 받침대 받치고 누런 이파리를 정리합니다

서로를 의지하듯 애틋하게 기웃거리던
그
그가 실컷 웃고 있을 때 덩달아 웃었습니다

암흑과 진흙 속에서 솟은
연꽃과 같은 일상처럼
세찬 비바람이 불어도 단단한 성격은 쉽게 풀어지지 않았지만
김이 모락모락 나는 참 좋은 만남이었습니다

때로는 방향을 타기도 했습니다

감정을 퍼 나르는 말끝에 숱이 많이 달려서
긴 거리를 짧게
짧은 거리를 길게 살이 붙은 정은 점점 도톰해졌습니다

말과 말 중간에 연리지가 생겼지만
핸드폰 손목에 힘을 실은 안락함은 늪에 빠지고
푸르던 이파리가 떨어지고 갑자기 지지대는 휘었습니다

가시덤불에 타협을 얹었지만
어리석음은 단순함에 스친 엇나간 해석이었습니다
어처구니없는 희생은 폭 좁은 도로에 꽃씨만 뿌렸던 것입니다

이웃도 사촌이라 믿었던 것
비바람이나 알까요?

셋째 언니

높은 곳
넓은 곳
그곳은 하늘나라 언니가 사는 곳입니다

육 남매 중 제일 이쁘고 성격이 좋은 언니는 짧은 삶을 가졌습니다
정이 많아서 손해를 봐도 호탕해서 웃어주고 유쾌하게 버무리는
에너지 넘쳤던

셋째 언니

위안도
위로도
아주 귀한 존재가 돼 늘 아쉽습니다

빛을 타고 저승의 바람으로 내려온 듯
오늘따라
바람과 햇살과 구름까지 온순한 게
언니의 흔들림이 다가오는 듯 짠합니다

내려 보는 눈
올려 보는 눈

소통하는 빛
저승과 이승과의 관계도 십 년이 넘었습니다

봄꽃 화려하게 온 마을 덮을 때
눈부시게 하늘이 맑고 아름다운 날은 눈물겹도록 그립습니다

유별나게 식물을 좋아하더니
답답한 속을 뚫어 보려 얼음 좋아한 것을 모른 어리석은

두텁던 정은 짝사랑만 남았습니다

한 시간 스승

공간은
그저 쓸모없는 틈새라고 말할 수 있다

시간에 시간을 비벼도 공기만 돌고 돌아
비었다
그 안에 어떤 것을 채울지는 모르는 일에 집중한다

음악이 흐르고 인연과 소통하고 침묵을 거듭하는 책상에 머물면
그 자리도 잡념이라는 게 경고처럼 참견한다

무심한 한마디가 심각하고
심각이 새로움을 돋게 하는 손주를 만나는 날은
괜스레 가슴이 출렁거린다

어린이집 손녀와 유치원 손자 하원을 돕는 도움의 날이다

활짝 웃어주는 손자를 만나자마자
춰서 죽을 뻔했네, 갑자기 나온 말에 화들짝 놀라는 손자
"할머니 그건 나쁜 말이야." "아 그래! 미치겠네." 또 나온다
"할머니 그 말도 나쁜 말이야." 라는 5살 손자다

60분 동안
놀이터의 놀이를 돌보며 정원 틈새의 나뭇가지 주워서
바닥에 펼치고 그림을 그리고 무엇인지 모를 작품을 만들고 좋아한다

손자와 젖은 대화, 손자는 스승이 된다
깨끗한 생각과 진실한 마음은 빛이 난다

68년 할머니 책상 위에
한 권의 책보다 더 높은 스승이 된 동건이!

냄비 속은 끓고 카레는 노랗다

식구는 한마음이라 읊고
또 읊습니다

가슴 깊은 곳에 잠들던 정성 출렁출렁 경계를 허물고 있습니다

안달이 난 카레 속에 일곱 색깔 건더기는 조정 수위를 높이고 있습니다
간혹 손등을 점령하는데
아주 작게 튀는 것도 전신을 자극하는 힘이 있습니다
어미의 지극정성을 즉각 알아차린 것처럼요

비바람이 봄의 방향을 탔나 봅니다

검은 하늘
빗줄기가 몰고 온 기다림의 따뜻한 공기
일곱 가지 마음과 정성은 노랗게 저무는 노을 같아서
가을풍경 같아서 위로를 받습니다

비는 그칠 줄 모르고
카레 향은 거실에 머물다 창틀을 비집고 나갑니다
단순한 저녁상이지만 하루의 중심이 되는 시간입니다

떼 웃음
시끌시끌 거실을 장악하고
들썩들썩한 분위기를 만들어 주는 손주 둘
우리들의 시간, 밥상 위에 쌓이는 이야기는 석가탑과 다보탑처럼
쌓이고
쌓이고
훗날 펼치면 단단한 삶이 될 것입니다

어머니 직업

척척 요리사
레시피가 필요 없습니다

재단사며 손바느질
헤졌다 하면 어떤 옷이든 자르고 꿰매고 완벽합니다

농업인
잠시도 쉴 수 없는 농사일에 전념합니다

회계사
정해진 수입이 아니어도 가정경제를 똑 부러진 살림을 합니다

교육자
배움이 없어도 육 남매를 몸으로 실천하며 키워냈습니다

학위 없는 전문인
만능박사였습니다

늙은 소리

양은 밥상
접었다
폈다
삐거덕삐거덕 팔십 끄트머리 큰언니

헐거워진 골반 울음 같은, 괴로운 움직임이다

완장을 찾어요

병풍에 앉은 먼지를 닦는 날

하늘에 군불 집혔나 뜨겁게 달궈진 빛 아래
냉골의 몸 덥힐 노력은 필요 없을 듯합니다

몸에 경고장이 붙었어요

긴장을 놓칠 수 없는 한가위 전날

목기를 꺼내고 정갈한 마음 펼치는
일 년에 한 번 일상에 적극적입니다

전통,
마음과 하늘이 닿은 한가지 한마음입니다

경고장이 완장이 된 날
정성과 진실
멈출 수 없는 손길은 새로운 에너지 당겨서 풀 때
가끔은 고달픈 늪에 빠지기도 합니다

가을 하늘만 바라보는 이도 있을

고된 작업으로 여기는 이도 있을

추석

소원을 비는 걸까요
가을 풀 벌레 소리만 시끌시끌한데
해가 바뀌어도 급수가 없는 완장은 항상 같은 위치에
머물러 있습니다

닮아서 경고를 받는다

하얗게 눈 쌓인 들녘을 바라보는 것이랑
별빛,
달빛과 소통을 즐기는 것에 마음을 쏟습니다

흥얼거리는 콧노래의 작은 감성에 빠지는 상상력이 풍부하여
생각이 많은 혼자만의 고집이 특별납니다

사계의 입자들이 쏟아놓은 독특한 풍경처럼
아름다운 예술성에 멈출 수 없는 역할이 남다릅니다

생각과 실천은 마음먹기에 달렸다지만
이웃을 챙기는 것까지도 닮아 씀씀이가 연한 마음이 그렇습니다

그것은
유전遺傳형질로 받은 경고로 알고 있습니다

그네의 품격

땅은 넓어지고
하늘은 가까워
떨어지는 원칙에 중심을 잃지 않은 관성의 법칙을 누리며
파격적인 감정을 모아모아
올라가고 내려오는 반복에 격을 갖춘 순간, 탄력을 유지하는 흔들림의 자유거든요

어느 소문난 마을 신사가 마을 밖으로 나가는 길도
들어오는 길도 자유를 누리는 왕복이라서 그네와 같다며 쯧쯧 혀를 차

흙길 잘 다져진 언저리도 그의 품위에 어긋남이 없다는 말로 습성을 들추면
다혈질의 높은 음성과 온화한 인정미가 낮게 흘러서 씁쓸하게 만드는 반복
빠르게 흐르는 시간에 걸치니까 무게는 비슷해

제주도
섭지코지에 하늘과 바다에 닿는 그네가 있어
그네에 앉으면 하늘은 낮아지고 바다는 넓어지고 그림자는 말을 해
맘껏 떠들어 주는 바람이 있으니까
그 품격에 자주자주 빠지곤 해

가슴 역

노선은
서산시 운산의 산, 능선 위입니다

자식들아 건강하여라
형제간 우애 돈독하여라
일침을 끄집어내는 날이기도 합니다

일 년 한번 가훈의 날
친정아버지 기일은 삼복더위입니다

일생 피할 수 없는 뜨겁고 공격적인 햇살
흔들리는 머리를 아무리 다독여도 열기를 벗어나기 힘이 듭니다
강렬한 태양일수록 더 강해지는 어명 같습니다

특별하게 뛰는 가슴
역사가 만들어지는 한 해가 또 쌓입니다

따뜻한 말 한마디
따뜻한 손길 하나
내밀지 못한 느린 깨달음에 애달픕니다

공들여 봤어요

메모
퍼즐 조각처럼 나란 나란하다

햇살 등에 업고 앉은
아파트 단지 내 카페는 한겨울 해바라기꽃이다

2024년 보낸 후 두 달
일상의 질을 더해보고 빼 보기도 한 1년 계획서에 간이역이 생겼다

볼록
튀어나오는 첫사랑 같은 부끄러움이 묻었다
뜻깊은 일이 없는 것이다

머뭇머뭇
말 거꾸로 빗나가는 잦은 허탈감에다
부서지는 정신력에 실망하는 것에 대한 정성을 쏟는 계획
시간에 공들여
다시 세워 볼 작정이다

제4부

지나간 기록에 얽매지 않은

앞자리
잘린 한 컷
말의 두께
사랑의 맛
꽃의 부름을 읽은 오늘
헛꿈과 진 꿈
제주 소라야
울림
네 가지 봄
고독과 외로움 사이
도비도 전상서
빨리 사그라지는 근성은 연해요
600년의 지금, 기억
밥과 끼니
걸음걸음

앞자리

기억

가장 가까운 거리를 지킨다는 것은
책임과 의리와 진심을 나누는 가슴이 있을
지나간 기록에 얽매지 않은

인연

세상의 모든 것이 혼자만의 것은 아니지
누군가를 근거리서 바라보는 경로
경로 앞에 앉듯 뒤에 앉듯 완숙한 깨달음에서 찾은

믿음

강한 메시지를 주는 신호라고
마음이 많이 움직였을 선택에 단단한 의지를 만들어 준
자리는
위로와 리더십이 꽃처럼 피어나리라 확신해

잘린 한 컷

전국에서 몰려든 인연

작은 것은 커지고
큰 것은 작아지는 기도의 힘이 있는 곳입니다

간월도

벚꽃 봄

바다 위로
바다가 솟는 바닥
바다와 바다 사이에 탄탄한 근육질로 만들어진 섬
모세의 기적이라

얼마나 많이 떨리는 그림이던가

먼 수평선을 바라보노라면 말이 사라지고
잔잔한 그림을 그리는 물결은 서산의 자랑거리며 인심입니다

바닷물의 외침이
흩어졌다

묶였다
거칠게 달려드는 파도의 센말도
하늘에 닿는 기도는 정점을 찌릅니다

기도발이 좋다는 간월암

이웃집
어리굴젓 유명세도 한몫합니다

말의 두께

한 말
두 말
작은 말이 큰 여자

그녀 앞에 앉으면 늘 푹신하다. 정체도 없는 말의 모양을 스치는데 순조롭고 도톰하다. 파급이 생기는 것에 질문의 강도를 측정할 이유는 없다. 작은 말 큰말 모두 부드러우니까. 뱉은 말 거둘 수 없다는 것은 누구도 알 수 있는 답이다. 하지만 어떤 말이라도 말하기를 좋아하는 그녀를 만나면 속이 훤히 보이는 것처럼 즐거움이 내 안에 가득하다. 잡음은 없다. 목청을 세우지 않아도 된다. 거친 걸음을 걸을 때도 작은 말이 큰 여자는 헐거운 허수아비보다 단단한 나무가 되기를 요구한다. 말과 행동은 전혀 다른 모양새를 가졌다. 고요하고 단순한 결단을 내리지만 두텁고 무겁게 결론을 내린다

작은 말이
큰 말이 된 후 여자의 혈은 돌고 얼굴의 빛은 붉다

사랑의 맛

달콤해서
감칠맛에 눈먼
몇 편의 시나리오가 생겨요

물컹해서
딱딱한 맛이 교차하며
꿈틀거리다 싹이 툭 터져 나와요

단맛
짠맛
쓴맛
신맛
비린 맛

다채로운 맛에 취하면 허둥대기도 합니다

꽃의 부름을 읽은 오늘

몇 번 움찔움찔했을 뿐인데
터진 아름다움은 포근한 햇솜 같아요

나비의 사뿐한 안착을 먼저 봤어요
올봄
이쁜 옷을 입고 나들이 나갈 채비를 해야겠어요

봄을 깎은 뼈대가 가뿐한 것은 날아보지 않으면 모를 일이지요

누가 봄을 봄이라 했을까요
빨강, 노랑, 초록
3월의 색은 그리운 임에서 탈출이기도 하대요

장미의 풍경은 빨간 노을로 스며서 뭉클해요
한 발 한 발 뗄 때마다 엷은 시간의 아쉬움이 많아
천천히 천천히 보내려 해요. 봄을!

그리움은 늘 봄입니다

꽃이 피고 작은 햇살 바람만 불어도 봄
진달래 하늘빛 따라서

그늘 안에 꽃을 피우고 싹을 틔워 이파리를 세우지요
난 삶을 치유하는 설계를 하다가 지우고 마는
반복의 질문을 던지지요

나이가 들어도 피할 수 없는
봄꽃의 자국은 천연염색으로 남아 애태울 수 있지만
봄기운을 받는 축복으로 알지요

헛꿈과 진 꿈

등에 업힌
단어 하나가 정수리에 박혀서
머릿속을 헤집고 다니는 밤
밤
쿨쿨거리는 달콤에 빠지는 단잠
고급의 빌딩 숲 거리를 걷기도 하고
아름다운 언덕 어딘가로 떠나는 꿈속의 몸은 더 깊은 수렁에 빠진다

머문 자리에 흩어지는 허무
아침의 모습이 큰 그림이지만 깊은 잠을 요구하는 잠결 수선스러우니
가뭄에 단비를 기다리는 이유처럼 간절한 것이다

헛것에 기대어 깊게 스미는 것처럼
흥분을 삭히는 시간이 길게 걸리기도 한다

여행의 도시에서
호사를 누리며 위로가 될 때 눈은 왜 떠지는 건지

초록의 들판에서 나비춤을 추며
막연한 희망과 거래할 때도 있건만 이유와 목적은 없다

실전에 멀다고
무조건 멀어지는 건 아닌지라
착각의 목적은 더 선명한 게 남아있는 것이다

호기심은 깊어서 혼돈에 가깝고
잡히지 않은 기억에서 아른거리는 허무를, 눈을 감은 채 아침을 만나기 일쑤다

제주 소라야

느려서 한 몫
빨라도 한 몫이라 하는 목적지를 향한 걸음의 시작은
도착하는 게 전부지

시작과 도착점을 찾은 것이라면 걸음의 척도를 잴 이유는 없어

최대한 눈을 모으는데
망태기에 안에 포개진 뿔의 각도에
한 번도 느껴보지 못한 눈동자가 흐려졌어
전신이 뿔이야
근접하기 어려운 친구 같아서
냉정한 성질이 딱딱한 모습으로 드러나 보여
검은 바위를 붉게 보듯 어루만져 봤더니
자신을 지키는 뚝심 같은 게 있는 거야

푸르고 푸른 바닷속 바위틈을 안방 삼아 누운 제주의 소라야
낚시 바늘 정도야 끄떡도 안 하겠지

느릿느릿
단꿈에 젖어있겠구나

울림

서해대교 위 하얀 달 둥실 머리에 이고
흥 한 다발 메고 서산으로 달려요

마늘아
감자야
생강아
바다야
힘을 모아주니 풍요롭군요

그림이 그려지고
시詩가 되는 구수한 사투리까지 얹으니까
엄청 야무졌어요

네 가지 봄

넷, 입이 모였어요
목청 달리 짖어대도
자리를 뜨는 일은 없지요

꽃무늬 사뿐히 내려앉은 긴치마에 송화가루 묻히고
나이와 타협하는 과거로 돌리고 싶다며 쭉 내민 입술 하늘에 닿아요

꽃이 끓어요
호숫가 벚꽃 홀씨처럼 두리번거리는 길
스미듯 젖어 들듯 앉은 벤치 둥글었지요

감각적인 청 셔츠에 계절이 매달려 폼이 폼은 폼이 만드니까
건들건들 상상력을 발휘한다는 봄바람 너스레가 둥근 탁자를 장악하죠

아이스커피를 나눠요
블랙아이스커피에 블랙 블랙의 사이를 핥고
매서운 소리 담을 줄 몰라 매번 허우적거리지요

철쭉의 이파리에 표정은 살아나고
꽃의 흘림에 따라 혀의 놀림은 점점 초록에 직선을 긋고 있지요

청춘, 착각에 빠져요
무딘 환경에 도전장을 던지는 성숙한 이미지
밀물과 썰물처럼 흐르는데 흔들리는 등불 같지요

침묵의 순수가 상식의 어법을 던지는 소통
바람의 색에 따라 움직이는 옆구리에는 외손녀가 끼어 있지요

봄의 능력은 일급이죠
하루를 걸겠다는 다부진 성격의 여자가
두 팔 벌려 반기는 비타민 같은 존재라 영원하지요

봄, 색을 잡고 할퀴고 쓰다듬고 아끼는
네 여자 모두
봄의 마음을 훔친 공범이랍니다

고독과 외로움 사이

빛을 싫어하는 식물에게 하늘의 정을 잠깐이라도 만나거라
거실 햇빛 창가로 옮겼어

그늘 속
모퉁이를 지킨 속을 들여다볼 수 없는 일
싹을 내놓은 순간 고요를 벗어난 진짜 감정을 엿볼 수 있거든

나뭇가지에 걸터앉은 그늘도
빛이 되고
창문 넘어 햇살의 그늘도 빛이야

오후의 마음을 부탁하려 해
눈과 귀를 끓게 만들도록 기분이 밝아지는 이유를 찾으며
발의 중심을 구제하려 흙길을 걸어

바람의 농도에 따라
나무가 갸우뚱할 때마다
몸의 비틀거림을 그늘에 기댔어

몸의 피로가 겹쳐 근육 구석까지 파고들었는데
하늘에서 보낸

햇살을 받고 나비를 만나고 푸른 이파리를 만났어

감정이
공중에 날아서 동산 꼭대기까지 오르니 빛이 가득 채워졌어
상처에 새살이 돋듯

창가에 옮긴 거실 식물도
꼿꼿한 자세가 돼 있을 바람의 잰걸음이야
이건
분명
하늘의 특사야

도비도 전상서

살살 바람
엷은 햇살
도비도 바닷가는 늘 봄이랍니다

산 만큼 평화로워서 높은
바람만큼 웃고 있어서 넓은

실타래 술술 풀어지듯 하늘 틈새 여린 빛은 살 맞대고 살자
낮은 하늘이 보채는 걸까요
빛 내줄 준비하는 걸까요

군데군데 웅크리고 앉은 사람들 어디에서 몰려든 소문들일까요.
하늘과 바다가 노랗게 끓는 열정 좀 보세요
전국각지에서 몰려든 바지락 사람들
통을 들고 캄캄한 밤바다를 헤집어 보면 보인다 서로가 서로를 안은
방게랑 소라랑 바지락은 위급 상황을 알고나 있는 듯 갯벌을 덮고 숨었
어요

도비도 마당은
사람의 겹친 피로까지 쓰다듬어 줘요

빨리 사그라지는 근성은 연해요

남쪽 해를 서쪽으로 보내고도
호숫가 모서리 수련을 감시하는
저수지 화법에 묶여 주체할 수 없는 감성에 빠지지요

몸은 느리고
생각은 얇고
미세한 말실수도 용납할 수 없는데
올바른 답은 나올까요

나이는 숫자에 불과하다는 말은 거짓일까요
몸의 기운은 떨어지고 급한 성질이 먼저 생기는 것을

체격으로 평가할 수 없는 일이지만 간혹
장 의자에 눕는 이유를 눈치로 알아채지요

연한 성질의 문제를 알아낼 재간은 없어요

검은 하늘
갑자기 우박이나 소나기로 하늘의 성격이 나올지도 몰라요
하늘이 화가 잔뜩 나 있거든요

600년의 지금, 기억

넉넉한 품
마음은 미래에 사나 봐요

海美邑城 鎭南門 앞에 서면
심장은 바르게 진동하고
조선 시대 깃발은 성곽 위에서 펄럭입니다

민가, 학교, 관아의 중심을 이주한 후
고즈넉한 海美邑城 부피를 긁었어요

세 개의 문
해도 달도 바람도 끼어들기 어려운 성곽
동헌東軒 앞에는 적삼 여인의 걸음 잔잔해요

노을로 젖은 邑城 정상에 오르니
솔밭과 대숲은 淸虛亭이 양팔을 내민 듯
천백구십팔 미터 성벽을 지키고 있었어요

오만 평의 대지 위에 방패연은 自由自在로
무탈한 서산에 풍요를 읊은 가락처럼 부드러웠어요

회화나무에 귀를 대 보세요

천주교 초기전파의 迫害로 피가 박힌
삼천 명 신념의 울음 흑흑 멈출 수가 없나 봐요
나뭇가지 가지마다 아픈 바람이 불어요

여전히 가슴 저미는 걸 어찌합니까

밥과 끼니

집밥
집밥
집밥
선물 같은 깊은 맛은 강한 의미가 있습니다
그 위력은
미래를 좌우할 수 있는 능력도 있습니다

어머니의 정성과 삶의 힘이 있는
하루 세끼가 법처럼 섬기는 자세도 필요합니다

따뜻한 밥상
세 끼니가 전신으로 번지는 것은 배를 채우기 위한 것만은 아닙니다
건강한 몸의 가치를 만들어 주는 효의 약속입니다

각자의 몫이지만
눈높이에 맞은 맞춤 같은 것이어서
비켜 갈 수 없는 몸을 다스리는 일입니다

전국은 항상 다이어트 중입니다

밥은 하루하루를 지키는 것이고

끼니는 삶을 만들어 주는 보배입니다

꽉 찬
느낌을 받는 것이며
살뜰히 챙겨야 할
몸을 덥히는 주인공입니다

걸음걸음

초록 초록해서
마음이 탐스러워지고 위안을 받은 날이기도 하고
너그러움이 넘치는 날이기도 해

어느 곳은

꽃 숫자보다 사람 숫자가 많아서
꽃을 보는 즐거움보다 사람 보는 재미도 솔솔 해

많이
많이
많은
머리 숫자에 따라 사진 한 컷씩 따라나서는 거야

몸보다 머리가 먼저 기웃거리는
작은 흙길을 한 방향으로 걸어

가는 곳마다 초록으로 쭉쭉 뻗은 작은 줄기의 길
수염이 위로 솟은 걸 보니 굉장한 성질인가 봐

청보리밭

제5부

몰래몰래 붉게 피는꽃

이목구비 꽃
내리사랑은 멈춤이 없다
만들어지는 길
당신을 알았어요
실버 악동들
눈물과 어울리는 날
어느 억지 소음
익어가는 길
가을 음표
흐려서 맑은 날
빈자리
바람을 인쇄하다
36도 5부
합방의 고통

이목구비耳目口鼻 꽃

마주 보는
눈빛이 초롱 해서 피는 눈웃음 꽃

사랑한다, 귓속말의 비밀이 들어와
귓불 뜨거워 몰래몰래 붉게 피는 꽃

말,
예쁘다. 고운 말 한마디에
입꼬리 휘어 피는 빙그레 미소 꽃송이

저녁 바람이 몰고 온
침샘 자극하는 밥상머리에서 피는 고소한 맛 꽃

피어날 때
감격에 빛나고 향기에 취하지만
언젠가는 한 번에, 한꺼번에 지고 빈자리만 남는

사람의 꽃

내리사랑은 멈춤이 없다

산골 작은 마을
물장난치고 미역 감은 최상의 휴식처
냇가
초등시절은 武陵桃源이야

꼬부라진 작은 길목
비틀비틀 제멋대로 흐르는 냇물 소리
가슴 저렸던 기억 자주 살아나

옷에 붙은 삶의 잡음을 털어내는 빨랫돌 앞
마을 어머니들 고단을 풀어 흘려보내는 그림
제법 깊고, 넓고, 길어
그
맑디맑은 물에 희망과 꿈을 실은 눈빛 유별나게 반짝이고
물살은 유리알처럼 영롱했어

귀청에 굳은살이 박이도록 들었던 말
"열심히 공부해서 제대로 된 그릇이 돼야지."라는 말
부모님 혀도 굳은살이 박이고
내 꿈은 부풀기 시작했지

냇물이 뒤돌아보지 않은 것처럼
큰 그릇이 되기를 바라는 교육은
냇물이 흘러 바닷물이 되듯
아래로
아래로
큰 그릇을 만들고 있음이야

냇물은 마을 어른들처럼 슬거워서
애교가 참 많았어
갈대 몸이나 물에 걸터앉은 돌 살살 건드리고 내려가는 거야

만들어지는 길

목표
큰소리로 외쳐 봐
작은 소리로 읊어 봐

할 수 있다
할 수 있다

외치면 외칠수록 커지고
읊으면 읊을수록 스미어

절실하면 절실할수록
짙게
깊게 박혀
길이 열릴 것이거든

당신을 알았어요

공원 벤치에 앉은 딱딱한 모습
등에 붙은 파동이 심각성을 일으킬 때 당신의 존재를 알게 되지요

미래를 위한 호흡을 존중해야겠다는 것은
느릿느릿 통과하는 신통력을 갈구하니까요

옳은 자세에서 평온을 찾은 당신
태연하고 순조로운 소통을 인정하는 길이었어요

왼쪽과 오른쪽
서로가 서로를 돕는 순환은 미래의 희망 같은 것이라서
소중하고 귀한 것이라는 걸 알았고
세포도 감정이 생기는 뜻에 따라 변화하는 것을 알았지요

슬픈 것에
아픈 것을 얹고 당신을 알았어요

진동에 의한 자세가 돌고 도는 당신을 존중합니다
혈血

실버 악동들

둥글넓적하여 룰루랄라 개그 재주 금례
맛깔나게 오첩 밥상 만들어 주는 선자
살림을 즐기면서 면역력을 키우는 종옥
무엇이 급했을까 하늘 지킴이가 된 재숙
엉뚱한 말투에 함박웃음을 주는 희은이
자존심, 체면 유지에 일상을 강탈한 치열

여린 싹은
살며 살면서
느린 걸음이지만 눈빛은 빛이나

시큼하게 발효된 싱거운 입담
구수한 느긋함을 업은 된장 국물 같은 육십 끝자리 실버들

고교 벗, 고고

장아찌가 싱겁다
빙초산이 달다
비탈길과 오솔길을 심장으로 누볐던 존재들이다

이젠

시어머니가 됐고
친정어머니가 되고
장모가 되어
껄껄껄
허허허
<u>호호호</u>
뱃가죽 휘는 줄 모른다

과거의 기억에 억지보다 유머가 앞서는 악동들아
두드러지지 않아도 서로를 감싸는 인연 소중하다
말
들렸니?

눈물과 어울리는 날

가슴 건드리는 불효의 낱알이
민들레 홀씨처럼 사라지는 기억에 울게 합니다

벚꽃이 흩날리는 날 봄을 만나는 기쁨
호숫가에 수련꽃을 보며 깊은 감성 때문에 목메게 합니다

바닷물이 조용하면 고요해서 눈물이 핑
애타는 가뭄에 이슬비만 내려도 감격해서 운답니다

가로수 단풍
날리는 낙엽
계절의 변화
붉은 노을 빛깔의 감흥에 젖어 눈물이 맺힙니다

첫눈 오는 날
눈발의 방향에 마음도 따라갑니다

종잡을 수 없는 변덕이 치솟는 것은 기준이 없습니다

지상 위에 있음을 깨달은 순간 굵은 눈물이 고입니다

어느 억지 소음

혀는 어색한 언어로
자유롭게 산만할 때 있지만 어설픈 말은 설득력 없다

태어난 나이 숫자는 별개다
허상이 본질로 나타나는 아쉬움 많은 나이
손사래 하나에도 실수는 보인다

노년은
노년의 시간을 만들며 산다
단순한 침묵일 수 있는 몸의 나이가 머리 나이다

가끔
가슴의 나이로 돌아가 봐도 일상에서 답답함이 많아 중얼중얼
소용돌이라며 속수무책의 나이로 변하는 억지는 치매로 가는
도중
정거장 같은 것이다

익어가는 길

또래 나이 넷
둥그렇게 앉은 입담에 뼈가 있었어요

너는 당뇨약
너는 혈압약
너는 항암제
너는 고지혈
너는 수면제

젊어 보이시는데요 한마디
흐뭇한 웃음에서 68세인걸요

눈을 지긋이 감으면 비문 증세가 뜨고
귀에서 전기 흐르는 소리가 시끄러워

머리는 수박이요
입은 참외로 터져 나오는 머리 나이

로션 뚜껑을 열어 놓고
발랐는지
바를 건지를 고민에서 솟아나는 기억

냉장고 문 열고 서서
꺼낼 물건을 못 잡고 우두커니 서 있는 마음만 청춘

머리는 한 사람을 불렀지만
속사포처럼 터져 나오는 입에서 줄줄이 따라 나오는 식구 이름들
속절없이 늘어나는 언어의 불협

어른들은 그러셨다
너도 늙어 봐라, 늙어 봐야 알지
스친 말에 뼈가 있었던 것을 알아차린 육십 후반

건망이 어울리는 진실한 길입니다

가을 음표

짧은 숲 터널

선선한 바람이 잡아당기면 간혹 중심을 잃지만
걸음의 속도는 잴 수 없어 느린 걸음 포개어 단풍나무 이파리 길을 틉니다

고음의 빛깔입니다

떨어진 낙엽을 밟은
낮은 자세
손을 내미는 무늬는 가을이 말하는 방향
아아
감동의 기운이
숲길 곳곳에 터져 속살 보이는 것은 단풍의 외침일까요

목메어 옮
고요의 가을을 만드는 높은 음의 부름일 것이라
시원한 바람 소리는 저무는 가을을 알리는 것이라

발과 귀는 가을을 묶었어요

흐려서 맑은 날

여름 열기가 사치로 가는
아지랑이 한낮은 추억으로 밀리고
그늘만 스민 숲 가지가지 사이에 새소리 청량합니다

그늘이 안정적인 이유는 뭘까요

누구는 어두우니 밤이라 하고
누구는 밤이라서 어둡다 해요

구름이 그늘을 만들었나요
나무가 그늘을 만들었나요

빛이 지나는 잠깐 구름도 쉬어가는 듯 조용한 출발일까요

초가을의 소리가 들리는
나뭇가지와 들풀은 제 빛깔입니다

발 발 발
정자에 모였어요
땀방울 적실까 봐 구름과 바람이 먼저 와 있었으니
늦은 오후까지 훌륭한 숨결이었습니다

빈자리

태풍이 쓸고 간 자리
비 비린내가 나요

축축한 비바람과 천둥소리가 창틀을 비집고 들어 왔어요
오금 절이는 공포는 돌다 돌다 습기로 달라붙었지요

이곳저곳이
산사태로 보금자리는 동전만 한 지붕만 남기고
흙으로 물로 바윗돌로 싹쓸바람이 휘젓고 간 듯 단숨에 사라졌어요
마을 전체가 사라졌어요

비를 사랑하는 죄
비를 좋아하는 죄, 마음에 채찍을 가합니다

아홉 시 뉴스 시청 중이에요
장마
태풍
60년 만에 50일 긴 비 비린내는 어떻게 없앨까요
또
새로운 집은 언제 생길는지요

바람을 인쇄하다

음력 유월의 끄트머리
귀 기울면 하늘의 소리가 들립니다

준비하는 노력에
정성이 부족할까
염려와 굳었던 마음 푸는 날이기도 합니다

효는
부모님의 삶 중 한 부분이었고
명절과 차례를 기억하는 일 년 중 전통입니다

위로받고
위로하고 그러는 겁이다

오지 않은 미래를 염려할 이유는 없겠지만
차례와 제사가 사라지는 날까지, 그럴 이유 없다는 말은 고요합니다

도덕적인 삶의 의미며
형제간
돈독한 우애를 만드는 하나의 의식 같은,
당부까지 올리는 제사 상차림입니다

36도 5부

과열도
미열도 싫어요

훈훈한 걸음들이 뭉쳤어요. 치맛자락 스치는 소리가 생명처럼 들리고
전선 속에 흐르는 번뜩 번쩍 전류가 흐르듯 낱말들이 출렁거렸어요
천천히 바르게 각자의 온도로 달려가는 단어들은 정갈하게 매듭지어
조절하는 중이에요

시인님, 소설님, 평론님
수필님, 칼럼님, 희극님
같은 온도에서 멈췄습니다.
그건
새벽을
아침을
시작하는 마음이에요

문학의 바닥은 어디일까요

문학기행 속에서
문학의 힘을 실어 줬다는 것과 시들지 않고 번져질 것과 아끼는 체온은
올랐어요

나이테를 열어 보세요. 우연도 바닥도 없을 거예요
비틀거리는 거리가 생기면 체온을 조절하는 힘을 예쁘게 발휘할 거에요
뛰어가다가 잠깐 멈출 때는 봄의 꽃을 만질 겁니다

ㄱ ㄴ ㄷ ㄹ…
가 나 다 라… 이들의 온도를 진열해요
나열하기 쉽겠지만 기본을 흠잡는
낮은 온도와 높은 온도에 생기는 빗나간 자국까지 아낄 거예요.

36도 5부 단체의 힘은 돌고 돌아
표정을 만들고 동시에 다수를 향한 감정을 만졌습니다
홍사용 문학관에서 수원 행궁까지

합방의 고통

호사인가
무지인가
서너 평 방에 종일 뭉기는 무리는 없다
반쯤 열린 커튼 사이로 강렬하게 들어오는 빛은
책들이 세워진 방향에 따라 쏘지만
자그마한 산수화 그림 속 그늘이 시원한 호강이던가

침대에 등을 비비고 눈을 감은들, 책상과
티브이와 안마기 침대 수족관 몇 개의 식물이 전부지만
일상의 무게가 가슴에 박힌다

단단하다 풀어지다 반복의 고통을
침대 밑에 밀어 넣어도 뒤척뒤척 어지러운 부담은 계속된다
책과 싸움이 그리울 지경이다

코로나바이러스19 확진을 혼자 다스리는데 열흘
티브이 속보에 혀를 쯧쯧거리는 자가격리의 누런빛이 된 방
쿵쿵 천장에 붙은 이웃 소식 정겹다

우울만 꽁꽁 뭉쳐 창밖에 던지고 거실로 이탈하련다

시 해설

평온한 일상에서 조직組織되는 삶의 노래
마종옥 시집《선은 곱고 무대는 넓고 시선은 길다》의 시 세계

김재엽 문학평론가

1. 들어가면서

칠순을 '고희古稀'라 한다. 이 말은 중국 당나라의 시인 두보杜甫, 712~770의 시〈곡강曲江〉에 나오는 시구 "인생칠십고래희人生七十古來稀"에서 유래한다. "인생 칠십을 산다는 것은 예로부터 드물었다"는 뜻인데, 평균수명이 고작 30여 년에 불과했던 원시 농경사회에서 칠십을 산다는 것은 얼마나 대단한 축복이었겠는가. 오늘날 과학 문명의 발달과 함께 획기적으로 발전한 의료혜택으로 우리 인간의 수명은 놀라울 정도로 길어졌으며, 우리나라만 해도 평균수명이 80을 넘어선 지 꽤나 오래되었다. 그러니 고희의 인생인들 누가 노년이라 하겠냐만 건강한 상태로 활동성 있게 삶을 영위해 나가는 것이야말로 의미 있는 삶의 척도로서 현실적으로 건강이 매우 중요시되는 것 또한 사실이다.

마종옥 시인의 경우 몇 년 전 건강에 적신호가 발견되자마자 성업 중이던 의료기기 유통사업을 미련 없이 정리하고 아름다운 호수가 내려다 보이는 그야말로 풍광이 최고라는 평을 받고 있는 광교로 거처를 옮기면서 삶의 여유를 얻었다고나 할까, 인생 후반기를 유유자적하며 또래들 몇몇이서 수시로 카페에 모여 앉아 스스로의 삶을 일깨우는 시간을 만들고 잡담마저 최상의 운동이라며 '히히 호호' 웃음으로 일상을 즐기고 있다. 무엇보다 해질녘 광교 호수를 내려다보며 붉게 물든 석양과 함께 호수에 반사되는 정경을 관조하며 인생을 노래하고 있다. 그야말로 고희 턱밑에서 삶을 재정비하며 생업의 고뇌 어린 굴레를 떨쳐버리고 일상에서 맞이하는 모든 현실을 저항 없이 받아들이며 부여된 모든 삶을 사랑하는 마음으로 덧씌우고 있다.

어쩌면 마종옥 시인 스스로가 평생을 마음속 깊이 간직해 온 시인의 일상을 비로소 시연하며 만끽하는 것이다. 이를테면, 표제시 〈선은 곱고 무대는 넓고 시선은 길다〉에서 바람결이 고운 선을 그리며 잔잔하게 가라앉은 물결 따라 끊임없이 펼쳐지는 광교 호수 언저리에서 바라보는 시선을 오래도록 붙잡아 매는 풍정을 회화적으로 매우 감미롭게 그려내고 있는데, "여유롭게 펼쳐진 나뭇가지와 나이 그림자/ 자유롭게 휜 능수버들과 광교 호수 전부를 샀다"며 다소 과장되게 무대를 키우지만 "바람의 길이에 따라/ 뚜벅뚜벅 걷는 소리가 심장 박동 같아서/ 숨은 길고 느리게 삼키고 뱉은 호숫가 숲// 하늘의 잔치 소리에 얼굴을 붉힌/ 단풍, 흙, 바람, 구부러진 길을 벗 삼은 발끝은 싱글싱글 웃고 있다"고 매우 신선하고 상큼하게 메타포한다. 어쩌면 일상으로 맞이하는 자연을 벗 삼아 스스로를 자연 속의 한 개체로서 순응하며 담담하고 편안하게 살아가려는 감성이 돋보이는데, 이런 관점에서 마종옥 시인의 시편들을 조명하며 감상하고자 한다.

2. 자연 속에서 체득하는 풍류, 그리고 삶의 여유

우선 휴식을 겸한 여유로운 시간 속에서 일상을 노래한 시편, 특히 카페에서 삶을 돌아보며 법원과 검찰이 있는 법조로 오후의 풍정을 카페여인들과 함께 대비시켜 표출한 〈법조로 오후와 카페여인들〉을 감상해 본다.

일 분 인사
일 분 미소
일 분 착석

…(중략)…

법조로 여인들은 오후를 만지고 광교 호수마을 소중히 여긴다
책을 사랑하는 소중한 인연을 게을리하지 않은 여인들
어느 명약과 비교를 할까나, 보약이다

카페의 주인장 여자는 시어머니
커피를 내리고 런치를 만드는 훌륭한 음악가다
카페 온도는 올라가고
매출전표 상승곡선일 때 입꼬리가 오르고 내리고
카페의 여인들은 덩달아 의기양양하다

- 〈법조로 오후와 카페여인들〉 중에서

화자로서 마종옥 시인이 어쩌면 이른 시간부터 카페 입구가 제대로 보

이는 자리에 앉아 입장하는 손님을 관찰자적 입장에서 세심하게 묘파한 여덟 가지 상황인데, 상황이 많은 만큼 여유롭고 세밀하게 그려 장시의 성격을 띠는 시다. "일 분 인사"하고, "일 분 미소" 짓고, "일 분 착석"하는 공통의 과정을 거쳐 "풍부한 상상력을 발휘하는 모 회사 사장의 서울 여자"가 뿜어내는 "절대적인 신뢰가 바닥에 깔려 무공해 공기가 휴식"임을 발견하는 착석 하나, "공인중개사 자격증을 손에 쥔 여자"에게서 "배려와 일상이 안정적이라서 심술과 허세까지 매끄러운" 어울림의 자리를 찾아내는 심미안의 착석 둘, "일곱 나라에 한국어를 전파한 외교관 부인"에게서 "불편의 소리가 씻기고 깔깔, 호호 특별한 웃음이 맛깔스럽게 전달된다"는 착석 셋, "약을 다루는 남자를 내조하는 서산 여자"로서 "안락한 의자를 만드는 건/ 앉은 사람이 안락하다 느낄 때 만들어지는 것"임을 상기시키는 착석 넷, "부산 사투리를 애교로 둔갑시키는 기술"의 소지자 "부산 아주메"를 등장시켜 "물은 고이는 곳에 모이는 법을 증명한" 착석 다섯, "시집간 딸네 방문하며 돌봄 자청한 여자"가 "어제의 실수를 버리고 오늘의 주제를 산다"는 착석 여섯, "딸만 둘인 사람"으로 "기쁨을 어깨에 매단 늘씬한 기럭지의 여인"에게서 "서로의 행복을 붙들고 아픔을 털어 버리며/ 단단한 정을 얽어매며 보듬는" 정경의 착석 일곱, "장가간 아들 둘의 그리움에 젖어 사는 여자"에게 "걷는 모습이 이쁜 여인은 건강이 최고라며 강한 일침을 준" 착석 여덟. 그렇게 "법조로 여인들은 오후를 만지고 광교 호수마을을 소중히 여기며, 책을 사랑하는 소중한 인연을 게을리하지 않는 여인들"로서 "카페 온도는 올라가고/ 매출전표 상승곡선일 때 입꼬리가 오르고 내리고/ 카페의 여인들은 덩달아 의기양양하다"고 그려낸다. 참으로 정겨운 풍경이고 그 자체가 휴식을 안겨주는 다정다감한 풍정이다.

그들은
60대 여자

숨길 것도 없고
빼앗을 일도 없는 다섯은
매일 저녁 엷은 달빛 아래에서 초가을 냄새를 산답니다

무슨 말이든 허심탄회하게 털어놓으니까
가로등도 갸우뚱 기우뚱 걸음을 녹인답니다

달빛 아래 그대들은 해경, 종옥, 춘해, 혜원, 미희
잊지 말도록
잊지 않도록
이 밤을 지나지 않도록 천천히 바르게
스스로를 깨우는 시간을 만들고 최상의 운동이라며 히히 호호하지요

무슨 샘이라도 부리고 있는 건지요
운동화 사이마다 알 수 없는 그림을 뿌리는 달님도
많이 설레었나 봅니다

– 〈밤을 걷는 여자〉 중에서

위 시 〈밤을 걷는 여자〉는 '걷기'를 통해 자아의 다층을 탐구하는 의례

적 서사를 내보인다. 다섯의 자아 공동체로서 해경·종옥·춘해·혜원·미희라는 친구들의 이름은 그 자체적 지위보다 단일한 '나'가 아닌, 시인의 다섯 가지 내면을 표출하는 분신이자 서로를 비추는 관객이 된다. "숨길 것도 없고/ 빼앗을 일도 없는" 이 상태는 외부의 시선에서 완전히 자유로워진 내밀한 대화의 한 장면을 노래한다. 최상의 운동으로서의 걷기를 내세워 "스스로를 깨우는 시간을 만들고 최상의 운동이라며 히히 호호한다"는 선언은 몸과 마음을 연결하는 수행의 행위로써 걷기를 시적 퍼포먼스로 끌어올린다. 더불어 걷기라는 단순한 행위를 통해 내면의 공동체를 구성하고 솔직함과 자유, 환상과 일상이 교차하는 시적 의례를 여유롭게 완성시킨다.

하얀 꽃무지에 시선을 빼앗기는 증상
잠깐
눕혔다
세웠다
관찰하니까
별이 떠

광교호수공원 오솔길 걷다 쉬며
꽃잎 위에 나비춤 추는 길목에 서서 입을 벌린 가쁜 숨소리
짙은 향으로 전신을 타고 흐르는데
향이 짙어

초록을 밴 풀 소복소복해

어깨를 나란히 한 봄바람이 시샘을 하나 봐
자꾸 나를 건드려
눈길 가는 것까지 빼앗아 가는 파란 하늘도 아쉬운 게 있나 봐
궁시렁궁시렁거리고 있어,

훅훅 달궈지는 감정에 꿀을 바른 듯 달달하기도 하고
소태 같은 맛이 볼록 솟기도 해
산책길에서 나를 만나는 게 쉬운 일이 아니거든
매끄럽게 만들어지는 것은 다 내 것이었어
봄도
꽃도
바람도
나를 부르니까 얼른 대답해 줘야지
새 생명이 돋은 자리에 새들이 앉아 봄 노래 부르고 있어
올려보는 게 화답이야,

나뭇가지마다 봄이 붙었어,
밤 동안 내렸던 비의 가르침이 있었나 봐

봄이니까

- 〈봄 길에 발품을 팔면〉 전문

위 시 〈봄 길에 발품을 팔면〉에서는 키워드가 '발품'인데 기본적으로 '발품을 판다'는 표현은 보통 분주한 상업 활동을 떠올리게 하지만, 이

시에서는 오히려 '봄 길을 섬세하게 탐색하는 의식적 걸음'으로 여유로운 이미지 변신을 전유한다. 마종옥 시인은 약간의 수고를 기꺼이 감수하며 봄의 작은 풍경들을 직접 마주하려 하고 그 과정에서 마음을 열어 젖히는 행위임을 드러낸다. 그리하여 독자는 '발품'을 통해 능동적으로 걸으며 온몸으로 감각을 깨우는 시적 장면으로 이끌려 간다. 더욱이 관찰자의 입장에서 "잠깐/ 눕혔다/ 세웠다/ 관찰하니까"라는 짧은 구절은 관찰 행위의 내밀한 단계를 압축시켜 보여주는데 비로소 "별"이 떠오르는 "광교호수공원 오솔길 걷다 쉬며/ 꽃잎 위에 나비춤 추는 길목에 서서 입을 벌린 가쁜 숨소리/ 짙은 향으로 전신을 타고 흐르는데/ 향이 짙어" 그 자체로써 경이로운 오감을 체득하게 만든다. 이렇게 눕히고 세우며 관찰하는 3단계 과정은 시인이 사물을 단순히 스쳐 지나지 않고 온전한 존재로 마주하기 위해 취하는 '의례적 탐색'을 메타포하며 별이 떠오르는 초월적 전환으로 시적 묘미를 더하는데 현실의 꽃잎 너머로 우주적 스케일의 감각이 확장되는 지점을 상정한다. 그리고 작은 꽃송이를 깊이 들여다보고 나서야 비로소 일상의 경계를 넘어서는 신비, 이른바 만물과 연결되는 우주적 망각의 찰나를 경험하게 되는 것으로 이 짧은 단어의 전환은 빛나는 시적 카타르시스를 선사한다.

특히 장소의 구체화로 시적 포인트를 명징하게 이끄는 '광교호수공원 오솔길'을 명시함으로써 마종옥 시인은 독자들로 하여금 실제로 광교호수공원 오솔길 위에 서 있도록 초대한다. 광교호수공원의 촉촉한 공기와 목가적 풍경이 머릿속에 떠오르고, 실제로 그곳을 느껴 본 이들은 더 깊은 공감을 전전하게 된다. 이는 시가 단순한 은유를 넘어 '현장 감각'으로 전이되는 현상을 간명하게 보여주는 것이다.

아무튼 마종옥 시인은 '발품 팔기'와 '가쁜 숨소리'로 하여금 자연과 자아의 융합적 순간을 맞이한다. 다시 말해 시인이 자신의 몸과 마음을 자연 속으로 내던짐으로써 관찰의 치밀함과 감각의 즉발적 반응을 동시에 겪게 되는데, 이로써 시는 일상의 풍경을 넘어 "밤 동안 내렸던 비의 가르침"으로 '내면의 봄'을 활짝 피우는 효능을 지니게 된다.

열중쉬어
차렷

반듯한 자세에 눈이 쏠리는 이유를 묻는다면
그건 구속이라 말할 수 있을까요

여행에 많은 정성을 들였어요
트렁크 속에
긍정의 감정과 양발로 지도를 그리리라 하는 다짐을 함께 챙겼지요

상상을 했어요

초록의 길이랑
모래 위를 걸어야지, 제멋대로 뛰어 봐야지
비탈길을 힘차게 걸을 거야
오름에 올라서 야호 하며 목소리 높여야지
차렷 자세의 정신을 바다에 던질 거야
열중쉬어 뒷짐을 바람에 날릴 거야
흐느적흐느적이라도 좋아 부드러운 서정의 몸을 만들 거야

제식훈련처럼 하루를 마치고 잠시 휴식의 자세를 힘들게 한 건
어리석음의 계획이 고독을 만들어 줬어요
예측하지 못함이지요
다짐하고 맹세했으니까 참 예쁜 모습이라 생각만 했어요

큰 기대와 부푼 가슴을 믿고
철저한 계획은 배신하지 않으리라는 생각
떠나던 공항에서부터였으니까 비행기 연착, 센 바람과 거친 비바람
슬거운 마음 풀어 놓고 다독거렸어요

일주일에 남은 건 피로가 일등이었고
말이 없어진 것은 욕심이 과로를 남겼으니까
내내 고심 중이었어요

— 〈자유에도 후유증의 꼬리가 붙었어요〉 전문

위 시 〈자유에도 후유증의 꼬리가 붙었어요〉는 제목부터가 자유라는 긍정적 개념이 곧장 행복으로 이어지지 않음을 역설적으로 보여준다. 자유에는 언제나 책임과 불안, 즉 후유증이 동반되며 그 무거움은 한 편의 꼬리처럼 뒤따른다는 시인의 통찰이 교훈적 의미로 담담하게 표출되어 있다. "반듯한 자세에 눈이 쏠리는 이유를 묻는다면/ 그건 구속이라 말할 수 있을 듯"싶지만 "제식훈련처럼 하루를 마치고 잠시 휴식의 자세를 힘들게 한 건/ 어리석음의 계획이 고독을 만들어 준다"고 토로한다. 더욱이 "열중쉬어/ 차렷"으로 긴장을 유발시켰다 가라앉히는 불확실성은 일상에서 빚어지는 잡다한 사건들이 예기치 않은 파장

을 품고 출몰함을 대변한다. 가벼운 대화나 평범한 하루의 틈에서도 자유가 발현되면 그 이면의 균열은 뜻밖에도 더 크게 벌어지는데 이러한 감정의 기복은 독자들로 하여금 자신의 크고 작은 상처를 떠올리게 만든다. 아무튼 평이한 듯 난해한 의미를 담고 마종옥 시인의 시어들이 조율해내는 시편의 특성상 '자유에도 후유증의 꼬리가 붙'어 일주일 내내 "욕심이 과로를 남겼으니까/ 내내 고심"하며 여유롭게 일상의 균형을 유지하려 한다.

3. 회화적 시작과 비움의 미학

마종옥 시인은 그림에도 대단한 소질이 있는 시인이다. 서양화 특유의 회화적 기법으로 조탁해내는 언어의 선명도와 함께 동양화 특유의 여백 미를 발현시키는 시작詩作을 추구한다. 그러면서 인체의 오감, 특히 가슴에 쌓이는 감정의 피로와 머리를 짓누르는 고민을 편안하게 비워내는 삶을 추구한다. 여기서 세상 원만하게 살 일임을 화두로 제시한 시 〈동그라미 신호〉를 감상해 보자.

o
날이 밝아오면
밖을 먼저 보는 습성은 당연하지요
하루를 빚은 시작이고 동그라미 전부를 여는 것이랍니다
o
구김살 없는 마음 가득한 하늘
터진 곳 없으니 하루는 구김이 없답니다
o

어젯밤

구름이 베어먹고 있던 반쪽짜리 달, 달을 올려봅니다

o

저녁 하늘

봄꽃이 피어나는 듯 맑음이며 정적이고

생각의 불면은 낮달을 꽁꽁 묶어 놨습니다

o

불면과

달과

해는

머리 위를 떠나지 않고 샴쌍둥이처럼 엮여있습니다

o

일상에 둥그렇게 달려 있지만

모서리가 없으니 부딪칠 일 없겠습니다

— 〈동그라미 신호〉 전문

위 시 〈동그라미 신호〉에 키포인트로 등장하는 'o'는 기호의 시화詩化를 예시한다. 맨 처음 등장하는 문자 'o'는 마치 백지 위에 찍힌 작은 도장과 같다. 원의 빈 중심은 무無를 상징하며 그 자체로 일체의 가능성을 품고 있다. 이 기호는 독자가 시를 읽기 전에 마음속에 여백을 만들어 주고, 이후 전개될 언어적 이미지를 수용할 준비를 한다. 첫인사와 일상의 리추얼로 읽히는 "날이 밝아오면/ 밖을 먼저 보는 습성은 당연하다"며 누구에게나 익숙한 아침의 기초적인 습관을 소환한다. 그러면서 마종옥 시인은 이 당연한 동작을 시적 리추얼로 격상시켜 독자가 자신만의 '첫 시선'을 떠올리도록 유도한다. 이렇게 여백으로부터 첫 행위로 이어지는 전환은 마치 눈을 뜨며 맑은 시야를 얻는 순간처럼 상쾌하다.

두 번째로 등장하는 자음 'ㅇ'은 소문자 'o'와 같은 원형이지만 글자 형태상 내부가 가득 찬 상태를 나타낸다. 그리하여 이 'o'은 '채움'을 상징하며 비워진 'o'가 빚어낸 여백을 가득 채워 주는 역할을 한다. 이른바 충만과 완성의 의미를 담고 무결점의 마음과 하루의 서정을 노래한다. "구김살 없는 마음 가득한 하늘/ 터진 곳 없으니 하루는 구김이 없다"고 제시하는데, 여기서 '구김살 없는 마음'은 외부의 상처나 흔적이 전혀 없는 순수함을 의미하며, 시인은 이를 '하늘'에 비유하여 마치 흠집 없는 파란 정지영상처럼 하루를 찰나에 고정한다. 이로써 우리 마음속에 수많은 주름이 지운 '흔적 제거'를 꿈꾸는 환상의 풍경을 제시한다.

마지막에 다시 등장하는 'o'은 하루의 완성을 알린다. 빈 것으로 시작한 'o'가 충만으로 채워지고, 결국 또 다른 'o'로 마무리되는 순환은 시가 마치 명상 가이드처럼 호흡과 리듬을 제공하는데, 이즈음에서 시인은 '반쪽짜리 달'을 지나 '낮달'로 스러져가고, 불면과 달과 해가 '샴쌍둥이'처럼 엉켜 있다가 기어이 하루를 완성하는 순환의 완결로써 'o'를 다시 등장시킴으로써 비움과 채움의 선순환을 도모한다.

이렇듯 마종옥의 시 〈동그라미 신호〉는 여백과 충만이 교차하는 기호 시를 통해 우리에게 하루의 시작과 함께 "일상에 둥그렇게 달려 있지만/ 모서리가 없으니 부딪칠 일 없겠다"며 마음의 리셋을 제안한다. 더불어 o → o → o라는 기호적 서사는 무에서 유로, 그리고 다시 시적 완성으로 나아가는 비움과 채움의 순환을 보여주는데, 이를 통해 독자는 자신의 하루를 의식적으로 비우고 채우는 작은 의례를 경험하게 되는 것이다.

드립니다
드립니다
마음을 드립니다

바람처럼
물처럼
돌처럼
나무처럼
탄탄한 기운을 드립니다

살다
살다
살다가
꼿꼿한 성격 무너트리는 날
모두 다 드릴 겁니다

― 〈감정에 마음을 판다〉 전문

위 시 〈감정에 마음을 판다〉는 '드림'의 역설적인 전개가 돋보이는 시다. 제목에서의 '판다'는 상업적 맥락에서 '내어준다'는 의미인 동시에 스스로의 내면을 거래 대상으로 내놓는 자발적 희생을 뜻한다. 여기서 마종옥 시인은 이 제목으로 독자에게 "내 안의 감정을 얼마나 기꺼이

헌납할 수 있는가"라는 질문을 던지고 있다. 첫연의 "드립니다/ 드립니다/ 마음을 드립니다"에서 동사 '드립니다'가 연속됨으로써 시적 화자는 무언가 신성한 의례를 치르는 듯한 톤으로 변모한다. 또한 반복은 청자의 귀에 일종의 주문으로 각인되어 '마음을 내어주는 행위'의 중대함을 강하게 인식한다. 2연에서는 "바람처럼/ 물처럼/ 돌처럼/ 나무처럼/ 탄탄한 기운을 드린다"며 자연 요소로 전환된 에너지를 선물한다. 바람, 물, 돌, 나무, 이 네 가지 속성이 합쳐진 에너지는 독자에게 다층적인 위로와 힘이 될 텐데 자연의 원소를 빌려온 이 비유는 단순한 감정 교환이 아니라 '자연의 장벽을 뚫는 힘'을 주겠다는 서사적 확장을 의미한다. 이어진 3연에서 "살다/ 살다/ 살다가/ 꼿꼿한 성격 무너트리는 날/ 모두 다 드릴" 거라며 헌신의 감정을 드러낸다. 여기서 행을 바꿔 두 번 반복된 '살다'는 존재의 기초를 확인하는 의식이며, 그 사이사이에 비워진 여백은 생의 무수한 순간을 함축시킨다. 이어진 세 번째 '살다가'는 과거와 현재를 잇는 분기점으로 삶의 어느 지점에서 '꼿꼿한 성격'마저 무너뜨릴 만큼의 고통이나 환희가 찾아옴을 암시한다. 그리고 마지막 행 "모두 다 드릴 겁니다"라는 결의는 그 순간에도 시적 화자가 자신의 모든 것을 내어놓겠다는 절대적 헌신을 드러낸다.

불면을 누가 정당하다 할까요?

피로에 경계가 생겨서
억지의 행복을 읊으면서 답을 내놓고 요구를 받지요
마치 가상의 드라마처럼

당신의 이름은 불치라 하던가요
삐거덕거리는 다툼도 좋아하고 후미진 곳에 안착하는 습성도 있답니다

어떻게 다스려야 화합이 되려나
고민과 다투는 게 일상이랍니다

흐린 날이 많아져서 갑자기 비가 내리고 습하면
송곳처럼 뾰족해진 감정에 막혀 애를 먹습니다

앞서거니 뒤서거니
원한이나 증오에 대상을 만들면 절대로 안 된다는 몇 해
악조건이라서 울어 줄 사람이 없다는 게 단점이며 장점입니다

다독거려야 하는 이런 악연은
언제부터 시작됐는지 모를 일입니다

위험한 적대감을 버리는 것도
나쁜 느낌이나 축축한 심정 떠나질 않습니다

참 힘든 작업입니다

― 〈머리만 우는 날이 있다〉 전문

위 시 〈머리만 우는 날이 있다〉에서는 제목부터 머리와 몸을 분리하며 감정의 위치를 강조한다. 머리가 '운다'는 의인화는 논리(머리)의 차원

에서 울림이 발생하며, 감정적 충격이 신체보다 먼저 반응함을 메타포 한다. "불면을 누가 정당하다 할까"를 화두로 "피로에 경계가 생겨서/ 억지의 행복을 읊으면서 답을 내놓고 요구를 받는다"며 신체와 정신의 불협화음을 내비친다. "어떻게 다스려야 화합이 되려나/ 고민과 다투는 게 일상"이라고 반복된 절망을 내비치고는 몸과 마음이 화합하지 못하고 고민에 휩싸여 있는 일상에 길들여져 있음을 시사한다. 그러면서 "흐린 날이 많아져서 갑자기 비가 내리고 습하면/ 송곳처럼 뾰족해진 감정에 막혀 애를 먹는다"고 탄식한다. 그리고 또 "위험한 적대감을 버리는 것도/ 나쁜 느낌이나 축축한 심정 떠나질 않는다"며 "참 힘든 작업"이라고 술회한다. 이는 독자가 자신의 불면과 내면의 고통을 투사하게 만드는 거울 효과를 발생시키고, 구체적인 사건이 아닌 '감정 그 자체'를 응시하며, 머리의 울림을 통해 내면의 불안을 외부로 발산시켜 결국 '울고 싶은 머리'를 통해 읽는 이로 하여금 자신의 정신 상태를 되돌아보게 만든다.

몇 번 움찔움찔했을 뿐인데
터진 아름다움은 포근한 햇솜 같아요

나비의 사뿐한 안착을 먼저 봤어요
올봄
이쁜 옷을 입고 나들이 나갈 채비를 해야겠어요

봄을 깎은 뼈대가 가쁜한 것은 날아보지 않으면 모를 일이지요

누가 봄을 봄이라 했을까요,
빨강, 노랑, 초록
3월의 색은 그리운 임에서 탈출이기도 하대요

장미의 풍경은 빨간 노을로 스며서 뭉클해요
한 발 한 발 뗄 때마다 엷은 시간의 아쉬움이 많아
천천히 천천히 보내려 해요. 봄을!

그리움은 늘 봄입니다

꽃이 피고 작은 햇살 바람만 불어도 봄
진달래 하늘빛 따라서
그늘 안에 꽃을 피우고 싹을 틔워 이파리를 세우지요
난 삶을 치유하는 설계를 하다가 지우고 마는
반복의 질문을 던지지요

나이가 들어도 피할 수 없는
봄꽃의 자국은 천연염색으로 남아 애태울 수 있지만
봄기운을 받는 축복으로 알지요

— 〈꽃의 부름을 읽은 오늘〉 전문

위 시 〈꽃의 부름을 읽은 오늘〉은 독자들로 하여금 현장으로의 초대라는 환영 메시지로 기능하며, 그에 따라 시가 배치되는 꽃밭 혹은 꽃이 만개한 현장으로 이목을 끄는데 여기서 '부름'이라는 단어는 생명체의 의사소통을 암시하며 '오늘'이라는 시간성을 한정해 시제감을 부여한다. 이러한 시감각 속에서 "몇 번 움찔움찔했을 뿐인데/ 터진 아름다움은 포근한 햇솜" 같았고, "나비의 사뿐한 안착을" 보면서 "올봄/ 이쁜 옷을 입고 나들이 나갈 채비를 해야겠다"는 삶에 의욕을 일깨운다. 그러면서 봄의 한가운데를 관통하는 진달래, 장미 등의 봄꽃들로 하여 "삶을 치유하는 설계를 하다가 지우고 마는/ 반복의 질문"을 던지면서 "나이가 들어도 피할 수 없는/ 봄꽃의 자국은 천연염색으로 남아 애태울 수 있지만/ 봄기운을 받는 축복"으로 알며 소중한 순간에 임하여 자연의 사랑에 흠뻑 빠져든다. 어쩌면 마종옥 시인이 자연을 대하는 시적 품격을 대변하는 모습일진대 자연과 내면의 융합이라는 관점에서 외부의 풍경과 내부의 감정이 상호작용하는 과정을 섬세하게 포착하여 표출함으로써 이 시를 감상하는 독자 또한 축복의 느낌을 체감하리라 믿어진다.

4. 자아를 사랑하는 노래, 그 아름다운 서정

마종옥 시인은 생업을 정리하고 나서 건강관리 측면에서 정신적인 피로부터 일소시키고자 수시로 자연에 빠져들어 시간 관념 없이 제주도를 오가며 명상에 젖는 시간을 즐겨 왔다. 물론 일상 전반을 할애하지는 못했지만 때로는 친구들과 어울려 수다를 떨기도 하고, 때로는 가족 친지들과 모여 외식도 즐기면서 머리와 가슴에 안기는 부하가 심한 일이나 생각은 의도적으로 멀리하고 있다. 그러면서 사랑하는 마음, 그 일면을 노래하고자 짙은 서정에 스스로가 깊이 빠져들어 시 창작에 임하고 있다. 이 측면에서 마종옥 시인의 자아를 사랑하는 노래, 그 아름다운 서정을 담은 시편들을 감상해 본다.

너
말이야

식물 키우는 것을 좋아하며 이파리가 돋아나면 흥분하고 그러지
꽃을 사랑하고 꽃에 빠지기 일쑤지만 식탁에 꽂는 꽃은 드물어서
그림을 그리고 낙서를 하며 마음을 달래곤 해

나
말이야

제주의 바람을 즐기는 것처럼 보이지만 나를 사랑하는 연습을 하는 거지
몸 곳곳이 고장 날 듯 시릴 때가 많은 것을 누구도 모를 일이라서 낭설을 불리는 일은 못 해
마음까지 아플까 봐 잠시라도 초록을 안고 있는 거야

나야,
나

지식이 허할 때
건강이 저질일 때
내 것을 만들기 위해 한 발자국 더 넓게 뛰어 보는 데 이유가 있을까

― 〈그대, 너, 나야 나〉 전문

위 시 〈그대, 너, 나야 나〉에서는 각 호칭 뒤에 점을 찍어 문장의 멈춤

과 이어짐을 동시에 연출하는 특징을 보이고 있다. 이 시에서 마종옥 시인은 '그대(그대,)', '너(너,)', '나(나야, 나)'로 이어지는 흐름을 통해, 호명 행위가 단순한 호칭을 넘어 존재론적 재구성을 수행하고 있음을 보여준다. 분리와 결합의 역설적인 측면에서 '너'를 "식물 키우는 것을 좋아하며 이파리가 돋아나면 흥분하고 그러지,/ 꽃을 사랑하고 꽃에 빠지기 일쑤지만 식탁에 꽂는 꽃은 드물어서/ 그림을 그리고 낙서를 하며 마음을 달랜다"고 지칭하며, '나'는 "제주의 바람을 즐기는 것처럼 보이지만 나를 사랑하는 연습을 하고 있다"고 역설한다. 여기서 쉼표가 분리의 기능(멈춤)과 결합의 기능(다음 행으로의 연결) 모두를 수행하는 역설적 장치를 설명하고 있는데, 이로써 언어적 기호가 지닌 이중 속성을 통해 인간관계의 복합성을 드러낸다. 그러면서 언어의 자기 반영성과 독자적 참여라는 의미의 '나야, 나'를 완성할 수 있는 여지를 남기면서 "지식이 허할 때/ 건강이 저질일 때/ 내 것을 만들기 위해 한 발자국 더 넓게 뛰어 보는 데 이유가 있음"을 피력한다. 그리고 각 호칭과 쉼표는 독자의 내면 호명과 자아 정체성을 환기하며 시와 독자가 상호 소통하는 장을 형성한다.

빛을 싫어하는 식물에게 하늘의 정을 잠깐이라도 만나거라
거실 햇빛 창가로 옮겼어

그늘 속
모퉁이를 지킨 속을 들여다볼 수 없는 일
싹을 내놓은 순간 고요를 벗어난 진짜 감정을 엿볼 수 있거든

나뭇가지에 걸터앉은 그늘도
빛이 되고
창문 넘어 햇살의 그늘도 빛이야

오후의 마음을 부탁하려 해
눈과 귀를 끓게 만들도록 기분이 밝아지는 이유를 찾으며
발의 중심을 구제하려 흙길을 걸어

바람의 농도에 따라
나무가 갸우뚱할 때마다
몸의 비틀거림을 그늘에 기댔어

몸의 피로가 겹쳐 근육 구석까지 파고들었는데
하늘에서 보낸
햇살을 받고 나비를 만나고 푸른 이파리를 만났어

감정이
공중에 날아서 동산 꼭대기까지 오르니 빛이 가득 채워졌어
상처에 새살이 돋듯

창가에 옮긴 거실 식물도
꼿꼿한 자세가 돼 있을 바람의 잰걸음이야
이건
분명

하늘의 특사야

- 〈고독과 외로움 사이〉 전문

위 시 〈고독과 외로움 사이〉에서는 '그늘'과 '햇살'을 대비시켜 '고독'과 '외로움'의 이분법적 시 이미지를 형상화하고 있다. '고독'은 자발적 공간, '외로움'은 타인의 부재로 정의하여 두 감정의 출처와 성격을 분명히 구분하면서 고독은 선택된 고요, 외로움은 강제로 느껴지는 공허로 대비시킨다. "빛을 싫어하는 식물에게 하늘의 정을 잠깐이라도 만나거라/ 거실 햇빛 창가로 옮겼어// 그늘 속/ 모퉁이를 지킨 속을 들여다 볼 수 없는 일/ 싹을 내놓은 순간 고요를 벗어난 진짜 감정을 엿볼 수 있다"며 '빛을 싫어하는 식물'을 '햇빛 창가'로 옮겨 대비되는 환경에서의 변이를 들여다보게 되는데, "나뭇가지에 걸터앉은 그늘도/ 빛이 되고/ 창문 넘어 햇살의 그늘도 빛"임을 엿보게 된다. 어쩌면 고독과 외로움이라는 감정 사이의 전이 지점을 묘사하며, 시적 화자는 어느 쪽에도 완전히 속하지 않는 '중간지대'에서 멈춰 두 감정의 미묘한 긴장과 갈등을 성찰한다. 하지만 중간지대라 하기엔 조금 애매한 불안정한 정체성의 흔들림을 드러내는 동시에 고정되지 않은 상태로서 새로운 자각과 가능성의 여지를 암시하는데, "감정이/ 공중에 날아서 동산 꼭대기까지 오르니 빛이 가득 채워졌어/ 상처에 새살이 돋듯// 창가에 옮긴 거실 식물도/ 꼿꼿한 자세가 돼 있을 바람의 잰걸음이야/ 이건/ 분명/ 하늘의 특사"라고 경탄하며 심리적 경계를 해체시킨다. 그리하여 시인은 고독과 외로움이라는 이분법적 구획을 넘어 그 사이에 머무르며 자신의 감정 스펙트럼을 확장하는 행위를 보여준다.

산골 작은 마을
물장난치고 미역 감은 최상의 휴식처
냇가
초등시절은 무릉도원이야

꼬부라진 작은 길목
비틀비틀 제멋대로 흐르는 냇물 소리
가슴 저렸던 기억 자주 살아나

옷에 붙은 삶의 잡음을 털어내는 빨랫돌 앞
마을 어머니들 고단을 풀어 흘려보내는 그림
제법 깊고, 넓고, 길어
그
맑디맑은 물에 희망과 꿈을 실은 눈빛 유별나게 반짝이고
물살은 유리알처럼 영롱했어

귀청에 굳은살이 박이도록 들었던 말
"열심히 공부해서 제대로 된 그릇이 돼야지."라는 말
부모님 혀도 굳은살이 박이고
내 꿈은 부풀기 시작했지

냇물이 뒤돌아보지 않는 것처럼
큰 그릇이 되기를 바라는 교육은
냇물이 흘러 바닷물이 되듯

아래로
아래로
큰 그릇을 만들고 있음이야

냇물은 마을 어른들처럼 슬거워서
애교가 참 많았어
갈대 몸이나 물에 걸터앉은 돌 살살 건드리고 내려가는 거야

- 〈내리사랑은 멈춤이 없다〉 전문

'내리사랑'은 부모가 자식에게 내리는 무조건적인 사랑을 의미하며, '멈춤이 없다'는 끝없는 순환과 지속성을 도출하는 시적 언어이다. 위 시 〈내리사랑은 멈춤이 없다〉에서 마종옥 시인은 '내리사랑' 그 자체보다는 조그마한 산골 하천에서 빚어지는 초등학생과 빨래하는 어머니의 모습을 소환하여 아름답게 회억하며 시적 그림으로 형상화하고 있다. 화자가 "귀청에 굳은살이 박이도록 들었던 말"로서 "열심히 공부해서 제대로 된 그릇이 되라"고 했던 말에 "부모님 혀도 굳은살이 박이고/ 내 꿈은 부풀기 시작했다"고 회억한다. 그리고 자연의 법칙처럼 물은 위에서 아래로 흐르듯이 '내리사랑' 또한 잠시의 멈춤도 없이 "냇물이 뒤돌아보지 않는 것처럼/ 큰 그릇이 되기를 바라는 교육은/ 냇물이 흘러 바닷물이 되듯/ 아래로/ 아래로/ 큰 그릇을 만들고 있었다"고 어머니의 멈춤 없는 내리사랑을 상찬한다. 무엇보다 내리사랑에서의 사랑의 깊이는 세대를 관통해 더욱 강해지는 감정을 상징하는데, 마종옥 시인의 〈내리사랑은 멈춤이 없다〉에서는 사랑이 언어로써 혀에 굳은살이 박일 정도로 구현되고 언어를 통해 다시 귀청에 굳은살이 박일 정도

로 사랑이 각인되는 상호작용을 보여준다. 결국 부모와 자식 사이에 오가는 말들이 결국 '내리사랑'을 완성하는 순환적 고리임을 드러낸다.

또래 나이 넷
둥그렇게 앉은 입담에 뼈가 있었어요

너는 당뇨약
너는 혈압약
너는 항암제
너는 고지혈
너는 수면제

젊어 보이시는데요 한 마디
흐뭇한 웃음에서 68세인걸요

눈을 지그시 감으면 비문 증세가 뜨고
귀에서 전기 흐르는 소리가 시끄러워

머리는 수박이요
입은 참외로 터져 나오는 머리 나이

로션 뚜껑을 열어 놓고
발랐는지
바를 건지를 고민에서 솟아나는 기억

냉장고 문 열고 서서
꺼낼 물건을 못 잡고 우두커니 서 있는 마음만 청춘

머리는 한 사람을 불렀지만
속사포처럼 터져 나오는 입에서 줄줄이 따라 나오는 식구 이름들
속절없이 늘어나는 언어의 불협

어른들은 그러셨다.
너도 늙어 봐라, 늙어 봐야 알지,
스친 말에 뼈가 있었던 것을 알아차린 육십 후반

건망이 어울리는 진실한 길입니다

- 〈익어가는 길〉 전문

위 시 〈익어가는 길〉은 마종옥 시인의 연치가 어느덧 고희의 턱밑에 이르러 있는 시점에서 인생 여정이 완숙으로 나아가는 과정을 비유한다. 한편으론 카페에서 또래 몇몇이 모여 상시 복용하는 약명을 밝히는 것으로도 늙어가는 존재의 모습을 삶의 이미지로 투영한다. "눈을 지그시 감으면 비문 증세가 뜨고/ 귀에서 전기 흐르는 소리가 시끄러워// 머리는 수박이요/ 입은 참외로 터져 나오는 머리 나이"가 과거와 현재의 발자취 위에 시인의 목소리가 더해져 가는 모습을 메타포한다. 자연의 목소리는 화자의 내면에 다가오는 변화를 예견하며 "로션 뚜껑을 열어 놓고/ 발랐는지/ 바를 건지를 고민에서 솟아나는 기억"의 속삭임은 시적 예언으로 완숙의 시점을 암시한다. "머리는 한 사람을 불렀

지만/ 속사포처럼 터져 나오는 입에서 줄줄이 따라 나오는 식구 이름들/ 속절없이 늘어나는 언어의 불협"에서 인생 후반부의 절정에 이르렀음을 체감한다. 그러면서 스스로가 성찰하는 시간을 만들어 "어른들은 그러셨다/ 너도 늙어 봐라, 늙어 봐야 알지/ 스친 말에 뼈가 있었던 것을 알아차린 육십 후반// 건망이 어울리는 진실한 길"임을 확실하게 인정한다. 인체의, 특히 인지 능력의 순환적 변화를 인생 여정에 투영하여 '길'이라는 공간이 완숙의 무대가 됨을 시각화하는데 이런 관점에서 독자도 자신의 삶 또한 자연처럼 물들어 가는 모습을 현실적으로 실감하게 될 것이다.

5. 나오면서

평설을 쓰느라 마종옥 시인의 시편들을 정독하면서 과거의 온기가 남아 있을 법한 자리에서조차 오히려 더욱 깊어진 허전함을 감지하게 되는데, 아마도 편안한 분위기에서 느끼는 감정의 공허가 내면의 강한 반향으로 증폭되어 발현되는 현상은 아닌가 싶다. 웬지 "태풍이 쓸고 간 자리/ 비 비린내가 나"는 〈빈자리〉의 여운이 강하게 느껴진다고나 할까, 공백의 허한 바탕에 역설적이게도 새로운 창조를 그려내는 전환점이 되어 단단하게 작동하기를 기대해 본다.

금번 마종옥 시인이 상재하는 시집 《선은 곱고 무대는 넓고 시선은 길다》는 2019년 초에 발간한 세 번째 시집 《쉼》 이후 6년여 만에 발간하는 역작이다. 시인으로서는 적잖은 공백을 겪은 후의 산물인 듯한데, 광교로 거처를 옮긴 후에 달빛과 가로등 불빛이 교차하는 밤길도 수시로 걸으며 사색하고, 무의식과 의식의 충돌을 성찰하며 시적 해방감을 얻어 시 창작에 임한 결실로 보여진다.

인생 전반을 통틀어 전업이라 해도 때로는 공백기를 갖는 것도 삶의 재충전이라는 의미에서 시적 가치는 충분히 존재하는 것이며, 장시간 혹은 느림 또한 과거와 현재를 잇는 매개체로써 마종옥 시인의 전반적인 시적 리듬을 관통한다. 더불어 그는 고요 속에 울리는 작은 반향처럼 일상에서 행하는 소소한 행위를 통해 우리 각자의 내면의 풍경을 재발견하도록 초대한다. 예컨대 달빛 아래 펼쳐진 산책로는 외로움과 함께 고독과 위로가 어우러진 풍경을 그려내며, 시인의 언어 유희에 짙은 서정을 담아내는 객체로 작동한다. 그리하여 독자는 발걸음을 멈추고 시인이 남긴 흔적을 따라 자신의 내면 지도 위를 천천히 거닐면 되는 것이다.

앞으로도 좋은 시 많이 써서 독자들이 좋아하는 시인으로 오래도록 회자 되길 기대하며 대성을 빈다.

선은 곱고 무대는 넓고 시선은 길다

ⓒ마종옥, 2025

초판 1쇄 펴낸날 2025년 9월 19일

지 은 이 마종옥
펴 낸 이 김혜라

진　　행 김서연
편　　집 이영주 박혜원
마 케 팅 김태혁 손민기
디 자 인 최진영

펴 낸 곳 도서출판 상상미디어
주　　소 서울특별시 중구 퇴계로30길 15-8 무석빌딩 5층
전　　화 02.313.6571~2 / 02.6212.5134
팩　　스 02.313.6570
이 메 일 3136572@naver.com
홈페이지 www.상상미디어.com
출판등록 제312-1988-065

ISBN 978-89-88738-89-4(03810)
값 14,000원

*저작권법에 의해 보호를 받는 저작물이므로 무단전제와 복제는 불가합니다.
*이 책 내용의 일부 또는 전부를 이용하려면 반드시 저작권자와 도서출판 상상미디어의 서면동의를 받아야 합니다.
*제작 및 유통상의 파본도서는 구입하신 서점에서 교환해드립니다.